Geld für deinen Content

Bianka Bensch

Geld für deinen Content

Passives Einkommen
für Blogger und Podcaster
durch Tantiemen der VG WORT

ISBN: 9781983115769
1. Auflage 2019

Inhalt

T.O.M. und der
Wahrnehmungs-Vertrag _____45

Der Zählpixel,
das unbekannte Wesen _____53

Haltung und Pflege
deines neuen Zählpixels _____69

Jetzt aber endlich her
mit der Kohle _____95

Für den Dagobert in dir: Mehr Geld! _____111

Quellen _____129

Kapitel 1

Was ist überhaupt diese VG WORT?

Vielleicht hast du ja schon einmal etwas von der GEMA gehört?

Die GEMA könnte dir bekannt sein, denn sie sorgte eine ganze Weile dafür, dass viele Lieder in Deutschland nicht auf YouTube abspielbar war. GEMA ist die Kurzform für "Gesellschaft für musikalische Aufführungs- und mechanische Vervielfältigungsrechte". Sie verwaltet die Rechte an Musikstücken für Deutschland, damit jede Musikerin und jeder Musiker das ihr / ihm zustehende Geld bekommt, wenn sein oder ihr Lied beispielsweise im Radio läuft oder eine CD verkauft wird.

Kennst du auch die VG WORT? Nie davon gehört?

Das ist okay, denn im Vergleich zur GEMA stehen bei der Verwertungsgesellschaft WORT – oder kurz: VG WORT – die Chancen deutlich schlechter, dass du schon von ihr gehört hast. Dabei haben beide eine ähnliche Aufgabe, nur für unterschiedliche Medienformate. Die GEMA verwaltet die Rechte der Autor*innen von Musik, die VG WORT verwaltet die Rechte der Autor*innen von Worten. Dabei geht es sowohl um geschriebene als auch um gesprochene Worte, denn auch Hörfunkbeiträge und Sprachbeiträge im Fernsehen fallen in den Zuständigkeitsbereich der VG WORT.

Die GEMA für Texte

Wenn man so will, ist die VG WORT also eine GEMA für Texte. Die Wikipedia schreibt: "Die Verwertungsgesellschaft WORT (VG WORT) mit Sitz in München verwaltet die Tantiemen aus Zweitverwertungsrechten an Sprachwerken, auch von Funk und Fernsehen, in Deutschland; Berechtigte sind Autoren und Übersetzer von schöngeistigen und dramatischen, journalistischen und wissenschaftlichen Texten, welche der Urheber an die VG WORT per Meldekarte oder per Onlineverfahren angemeldet hat."

Ziel der VG WORT ist es, "eine angemessene Vergütung der Autoren und Verlage sicherzustellen und Geld von denjenigen zu kassieren, die das geistige Eigentum anderer nutzen." So schreibt die VG WORT selbst auf ihrer Internetseite.

Ich denke, jetzt ist alles klar, oder? *hust*

Wenn du Hintergründe, Sinn und Zweck der VG WORT noch nicht ganz verstanden hast, ist das nicht so schlimm. Für dich als Blogger*in oder Podcaster*in ist sie vor allem deshalb interessant, weil du für die VG WORT ebenfalls als Autor*in zählst und daher als Urheber*in deiner Texte sogenannte Tantiemen von der VG WORT bekommen kannst.

Das klingt doch schon einfacher, oder?

> ## TANTIEMEN
>
> *In Abhängigkeit der Verkaufs- oder Abrufzahlen an eine*n Autor*in gezahlte Vergütung für ihr/sein Werk*

Viele Blogger*innen und Podcaster*innen sind bisher noch nicht bei der VG WORT registriert und verzichten damit auf ein nettes und vor allem nahezu passives Zusatzeinkommen. Die VG WORT gilt noch immer als "Geheimtipp" unter Blogger*innen. Und die Abläufe, die notwendig sind, um eigene Texte zur Zahlung von Tantiemen anzumelden, sind oft selbst bereits registrierten Blogger*innen ein Buch mit sieben Siegeln. Dabei kann alles so einfach sein ...

... und ich zeige dir in diesem Buch mit einfachen Erklärungen und Schritt-für-Schritt-Anleitungen, wie es geht.

Wo kommt das Geld her?

Zusätzlich Geld für deine Blogtexte und Podcastfolgen bekommen ohne allzu viel weiteren Aufwand klingt wie ein wahrgewordener Traum. Doch woher kommt dieses Geld, das die VG WORT verteilt? Hast du schon einmal von der Reprographie-Abgabe gehört? Wenn nicht, ist das nicht schlimm, denn diese Abgabe kennt kaum jemand.

Im Urheberrechtsgesetz ist festgelegt, dass zum Beispiel die Hersteller von Kopiergeräten, Druckern oder auch USB-Sticks zu einer Abgabe an die VG WORT verpflichtet sind. Der Fachbegriff für diese Abgabe ist Reprographie-Abgabe.

REPROGRAPHIE

Sammelbegriff für Scannen, Kopieren, Plotten und Ausdrucken

Die Hersteller zahlen also eine Gebühr dafür, dass mit ihren Geräten Kopien deiner Texte und Podcasts erstellt werden können. Auch Bibliotheken müssen eine Abgabe an die VG WORT zahlen.

Die Abgabe soll sicherstellen, dass Urheber*innen von Texten auch für deren sogenannte "Zweitnutzung" Geld erhalten.

Zweitnutzung

Ein paar Beispiele machen den Begriff Zweitnutzung für dich vielleicht ein wenig klarer.

Als Blogger*in ist für dich die Erstnutzung deines Textes die Veröffentlichung in deinem Blog. Eine Zweitnutzung wäre es, wenn sich eine*r deiner Leser*innen den Text ausdruckt.

Als Podcaster*in ist die Erstverwertung natürlich das Hören deiner Podcastfolge. Eine Zweitnutzung wäre das Abspeichern auf dem PC.

Als Autor*in eines Buches ist die Erstnutzung der Verkauf deines Bestsellers. Aber es gibt auch Leser*innen, die sich dein Buch in der Bibliothek ausleihen. Oder es wird ein Hörbuch daraus erstellt. Beides wäre dann eine Zweitverwertung.

Kritik an der VG WORT

Für dich als Blogger*in oder Podcaster*in ohne Verlag im Hintergrund ist das Thema Verlagsbeteiligung nur bedingt spannend, dennoch möchte ich kurz auf die Streitigkeiten der letzten Jahre in diesem Bereich eingehen. Viele Jahre lang war es gängige Praxis der VG WORT, die Hälfte der Autor*innenanteile an die Verlage auszuschütten. In einem Urteil vom 21. April 2016 erklärte der Bundesgerichtshof diese Praxis der pauschalen Aufteilung zwischen Autor*in und Verlag für rechtswidrig.

Der Rechtsstreit und das Verhalten der VG WORT gegenüber den bei ihr registrierten Mitgliedern brachte einiges an Kritik. Auch die Autor*innen waren sich untereinander nicht einig, Autor*innen und Verlage untereinander ebenfalls nicht. Und noch immer sind nicht alle Streitigkeiten geklärt, vor allem nicht, da das neue Urheberrechtsgesetz die Aufteilung an Verlage und Autor*innen unter Umständen wieder zulässt.

Wie genau es mit der VG WORT und ihren Zahlungen an Autor*innen und Verlage nun weitergehen wird, wird die Zeit zeigen.

Kurzanleitung von der VG WORT

Auch die VG WORT selbst hat auf ihren Internetseiten eine Anleitung veröffentlicht, in der du nachlesen kannst, wie du dich registrierst und deine Tantiemen erhalten kannst. Die Anleitung der VG WORT ist ein sehr guter und sehr praktischer Kurzüberblick darüber, wie du zu deinem passiven Einkommen kommst.

Warum trotzdem ein Buch darüber?

Anders als bei der Anleitung der VG WORT stehst du als Blogger*in oder Podcaster*in in diesem Buch im Vordergrund. Die Anleitung der VG WORT ist natürlich für alle Arten von Autor*innen passend geschrieben und nicht speziell auf Blogger*innen ausgerichtet. Dieses Buch jedoch schon. Podcasts werden von der VG WORT derzeit überhaupt nicht vergütet, dieses Buch zeigt dir, wie du als Podcaster*in dennoch Tantiemen dafür bekommen kannst.

Und was die VG WORT dir natürlich auch nicht verrät, sind die Tipps und Tricks, wie noch mehr deiner Artikel als bisher vergütet werden. Diese Tipps, Tricks und Anregungen bekommst du im Buch im letzten Kapitel.

Kapitel 2

Wer? Wie? Was? Wann? Warum?

Im ersten Teil des Buches hast du bereits gelesen, dass die VG WORT Geld für Autor*innen von Wortbeiträgen ausschüttet. Damit sind laut Definition sowohl schriftliche als auch mündliche Wortbeiträge gemeint.

Für wen und für was gibt es Geld?

Für Blogger*innen: Texte im Internet

Ganz allgemein teilen sich die Auszahlungen für Geschriebenes auf in verschiedene Bereiche: Belletristik, Sachbücher, Wissenschaft und Texte im Internet (METIS).

METIS
Meldesystem Texte im Internet

Der letzte Bereich ist für dich als Blogger*in der wichtigste: Texte im Internet. Tantiemen gibt es hier für Texte aller Art, so lange sie nicht mit einem Kopierschutz versehen oder hinter einer Bezahlschranke zu lesen sind. Es werden also nur frei zugängliche Texte vergütet. Das gilt auch für PDFs und E-Books im Format ePub, die ohne Kopierschutz, also DRM-frei, verkauft werden. Außerdem muss der Text eine bestimmte Mindestlänge haben, damit du dafür Tantiemen in Anspruch nehmen kannst.

Ehe du Tantiemen für deine Texte bekommen kannst, musst du dich im Onlineportal der VG WORT unter tom.vgwort.de registrieren und einen sogenannten Wahrnehmungsvertrag mit der VG WORT abschließen. Wie die Anmeldung vor sich geht und wie du diesen Vertrag abschließen kannst, erfährst du Schritt für Schritt im Verlauf des Buches.

Vorteilhaft ist es auch, wenn du in deinem Blog sogenannte Zählpixel oder Zählmarken der VG WORT einbauen kannst. Diese Zählpixel baust du selbst in den Blogtext ein. Sie zählen, wie häufig dein Text aufgerufen wird. Diese Zählpixel bzw. Zählmarken sind für dich als Blogger*in das wichtigste Werkzeug auf dem Weg zu deinen Tantiemen von der VG WORT, daher habe ich ihnen ein ganzes Kapitel gewidmet. Keine Angst, der Einbau geht leichter als gedacht.

Bücher und E-Books

Die Bereiche Belletristik, Sachbücher und Wissenschaft sind für dich als Blogger*in weniger interessant. Ich möchte sie der Vollständigkeit halber und falls du überlegst, unter die Buchautor*innen zu gehen, dennoch hier kurz aufführen.

Schreibst du Romane oder Sachbücher bekommst du für jedes bei der VG WORT gemeldete Buch (auch unter Pseudonymen) Tantiemen ausgezahlt. Die Auszahlung teilt sich auf in eine Bibliothekstantieme, die du erhältst, wenn dein Buch bei den Stichproben in Bibliotheken dabei war, und in die eigentliche Tantieme für dein Buch.

TIPP

*Es geht dabei nur um Bücher und E-Books, die über Verlage veröffentlicht werden. Veröffentlichst du als Selfpublisher*in auf Amazon, hast du im Moment (noch) keine Chance, an Tantiemen von der VG WORT zu kommen.*

In den Bereich Wissenschaft fallen wissenschaftliche Sachbücher (ja, das ist etwas kompliziert, aber hey, so ist die VG WORT nun mal!) und vor allem Artikel in wissenschaftlichen Zeitschriften und ähnlichem. Ob für Artikel und Bücher in diesem Bereich eine Auszahlung erfolgt, hängt sehr davon ab, wie verbreitet die Veröffentlichung ist.

Für Podcaster*innen:

So gehst du nicht leer aus

Podcasts und die VG WORT sind ein ganz eigenes Thema. Auch für Gesprochenes zahlt die VG WORT Tantiemen. Doch ehe du als Podcaster*in anfängst zu jubeln: Leider gibt es diese Tantiemen derzeit noch nicht für Podcasts, da diese lediglich im Internet abrufbar sind. Damit du als Podcaster*in ebenfalls Tantiemen bekommen kannst, musst du derzeit noch den Umweg über eine Textversion deines Podcastbeitrages gehen.

Dazu kannst du von deinem Podcast selbst ein Transkript anfertigen oder durch einen Dienstleister anfertigen lassen. Dieses Transkript musst du dann allerdings unbedingt noch überarbeiten, damit deine Leser*innen nicht alle deine Ähms und Hms und angefangenen und abgebrochenen Sätze lesen müssen.

Gesprochene Sprache ist ganz anders als geschriebene Sprache und du wirst selbst merken, dass sich das unbearbeitete Transkript nicht sehr angenehm liest. Damit der Artikel, der aus deinem Podcast entsteht, auch die notwendige Anzahl an Mindestaufrufen erreicht, musst du dir mit dem Text ein wenig Mühe geben und diesen für deine Leser*innen aufbereiten.

Veröffentliche am besten jede deiner Podcastfolgen sowohl als Audio als auch als Text. Dazu stellst du Text und Audiodatei im besten Fall auf einer Seite zum Anhören und Mitlesen bereit, denn so zählen alle Aufrufe deiner Podcast-Episode auch als Aufruf deines Blogtextes. Nur auf diese Weise, nämlich indem du unter die Blogger*innen gehst, kannst du derzeit mit deinem Podcast von den Ausschüttungen der VG WORT profitieren. Die folgenden Ausführungen, die sich an Blogger*innen wenden, gelten daher auch für dich als Podcaster*in.

Unter welchen Voraussetzungen gibt es Geld?

Natürlich kann die VG WORT ihr Geld nicht an jede Autorin und jeden Autor eines kleinen Blogs oder Podcasts auszahlen. Deshalb gibt es eine festgelegte Mindestlänge, die dein Text erfüllen muss, um berücksichtigt zu werden. Außerdem müssen mindestens eine bestimmte Anzahl an Besucher*innen in einem Kalenderjahr deinen Beitrag gelesen haben.

Mindestaufruf und Mindestlänge

Die VG WORT legt jedes Jahr fest, ab wie vielen Leser*innen pro Kalenderjahr für deinen Text Tantiemen bezahlt werden. Der Wert für die Mindestabrufe liegt zwar schon seit mehreren Jahren konstant bei 1.500, das kann sich aber jederzeit ändern. Die Anzahl der Mindestaufrufe wird immer im darauffolgenden Jahr aktuell bekanntgegeben. Es gilt also das "Folgejahr-Prinzip".

Gezählt werden diese Aufrufe durch den bereits erwähnten Zählpixel, den du in deinen Beitrag einbauen solltest. Übrigens sind 1.500 Aufrufe in einem Kalenderjahr durchaus ein erreichbarer Wert, auch in nur durchschnittlich besuchten Blogs. Die 1.500 Aufrufe im Jahr für einen Beitrag entsprechen weniger als 5 Aufrufen pro Tag. Das ist machbar!

BEISPIEL

Am Anfang des Jahres 2018 wurde die Anzahl der Mindestaufrufe für das Jahr 2017 auf 1.500 festgesetzt. Es wurden also bei der Ausschüttung in 2018 nur die Texte berücksichtigt, die im Jahr 2017 mindestens 1.500 Aufrufe aufweisen konnten.

Deine Texte müssen außerdem auch einer bestimmten Mindestlänge entsprechen, damit du Tantiemen dafür beanspruchen kannst. Aktuell hat die VG WORT den Wert auf 1.800 Zeichen festgelegt. Auch die Leerzeichen werden hierbei mit einberechnet. Ist dein Text also 1.800 Zeichen lang oder länger, hast du die Möglichkeit, dafür Geld von der VG WORT zu bekommen. Kürzere Texte fallen leider in den meisten Fällen aus der Vergütung raus. Hier gilt ebenso das "Folgejahr-Prinzip": Die Mindestlänge wird im Folgejahr für das Vorjahr festgelegt.

Auch die 1.800 Zeichen je Text sind keine allzu große Hürde. Ein Text mit 1.800 Zeichen entspricht ungefähr einer sogenannten Normseite. Würdest du den Text in einem Word-Dokument schreiben, wären es vielleicht 1,5 Seiten – je nach Schriftart und -größe.

WICHTIGE ZAHLEN

1.800 = Mindestlänge deiner Texte
1.500 = Mindestaufrufe je Kalenderjahr

Den Mindestaufruf umgehen

Es gibt für dich als Blogger*in die Möglichkeit, Artikel mit nur der Hälfte des jährlichen Mindestaufrufs vergütet zu bekommen. Der Trick dabei: Dein Text muss sehr lang sein. Die VG WORT vergütet Texte mit 10.000 Zeichen und mehr schon dann, wenn nur die Hälfte der festgelegten Mindestaufrufe erreicht werden, aktuell also mit nur 750 Aufrufen im Kalenderjahr.

Sind deine Texte sogar länger als 250.000 Zeichen, gelten noch einmal andere Mindestzugriffswerte, ebenso für Texte ab 2 Millionen Zeichen. Wie die Tantiemen in diesem (für Blogs unwahrscheinlichen Fall) berechnet werden, erkläre ich dir in einem der folgenden Kapitel.

Die Mindestlänge umgehen

Auch die festgelegte Mindestlänge für Texte kannst du umgehen. Der Trick hier ist, dass du Lyrik veröffentlichen musst. Für Gedichte zählt die Mindestlänge nicht und du kannst diese bei Erreichen der Mindestaufrufe auch melden, wenn sie kürzer als die Mindestlänge sind. Du kannst also auch unter die Lyrikblogger*innen gehen und für kurze Texte Tantiemen erhalten.

Wie viel Geld gibt es?

Jedes Jahr im Frühjahr legt die VG WORT fest, wie hoch die Quoten, also die Auszahlungen sind. Auch hier gilt das "Folgejahr-Prinzip": Im Folgejahr wird festgelegt, wie viel Geld je Beitrag du für das Vorjahr erhältst. Du findest eine Übersicht der Quoten der vergangenen Jahre unter https://www.vgwort.de/publikationen-dokumente/quoten-uebersicht.html. Spannend für dich als Blogger*in wird es hier unter Punkt 8. Dort findest du die Quoten zur Hauptausschüttung und zur Sonderausschüttung im Bereich METIS, also für Texte im Internet.

Im Dokument mit den aktuellen Quoten ist zum Vergleich auch jeweils angegeben, wie hoch die Quote im Vorjahr war. Wenn du mal die Dokumente über die Jahre hinweg vergleichst, wirst du merken, dass es jedes Jahr eine Steigerung bei den Auszahlungen gab. Hatten im Jahr 2012, also zur Ausschüttung 2013, zehn Texte deiner Webseite den Mindestzugriff erreicht, hast du dafür 100 Euro bekommen. Für die Ausschüttung im Jahr 2018 bekamst du für zehn Texte, die 2017 den Mindestzugriff erreicht hatten, schon 294 Euro. Gar nicht schlecht, oder?

Kappungsgrenze

In der Quotenübersicht findest du unter Punkt 8 bei den Quoten für Internettexte auch Angaben zur Kappungsgrenze. Für dich als Blogger*in ist dieser Wert eher uninteressant, denn er betrifft lediglich Texte mit mehr als 250.000 Zeichen. Doch was hat es damit auf sich?

Für Texte mit mehr als 250.000 Zeichen gelten wieder andere Regeln für die Höhe der Tantiemen. Auch für diese Texte gilt – wie bereits bei Texten mit 10.000 Zeichen – die Hälfte des festgelegten Mindestzugriffes, jedoch bekommst du für so lange Texte eine höhere Tantieme.

Ein Beispiel: Angenommen, du hast einen sehr langen Text mit über 250.000 Zeichen geschrieben und als einen zusammenhängenden Text veröffentlicht. Dieser Text wurde im Jahr 2017 genau 850 mal aufgerufen. Der Mindestzugriff für den langen Text liegt für die Ausschüttung in 2018 bei 750 Aufrufen. Du kannst deinen Text also melden.

Um zu berechnen, wie hoch die Tantieme dafür ist, musst du die 850 tatsächlichen Aufrufe durch die 750

Mindestaufrufe teilen und diesen Wert multiplizieren mit dem Betrag, der der normalen Ausschüttungshöhe entspricht. Also: 850 geteilt durch 750 mal 29,40 Euro – das ergibt eine Tantieme in Höhe von 33,32 Euro für deinen Beitrag. Aber keine Angst, den Betrag rechnet dir die VG WORT aus, du musst nicht selbst den Taschenrechner zücken. Das Beispiel dient nur der Erklärung der veröffentlichten Kappungsgrenze.

Die Kappungsgrenze für diese Texte ab 250.000 Zeichen liegt laut der Quotenübersicht für 2018 bei 514,50 Euro. Das bedeutet, selbst wenn dein Text eine höhere Tantieme bekommen würde, bekommst du maximal diesen Betrag. Wenn ich mich nicht verrechnet habe, würde der Höchstbetrag für solch einen Text erst bei über 13.125 Zugriffen überschritten. Nun gut...

Bei Texten mit mehr als 2 Millionen Zeichen, die von VG WORT als Großwerke bezeichnet werden, ergeben sich noch einmal andere Tantiemen. Bei diesen wird in Abhängigkeit von der Anzahl der Autor*innen der normale Ausschüttungsbetrag vervielfacht. Aber soooo lange Texte sind in deinem Blog mehr als unwahrscheinlich, oder?

Umsatzsteuerpflicht

Wenn du umsatzsteuerpflichtig bist, unterliegen natürlich auch die Tantiemen von der VG WORT der Umsatzsteuer. Dass du umsatzsteuerpflichtig bist, teilst du der VG WORT am besten schriftlich mit. Ein Formular benötigst du dafür nicht. Laut der VG WORT reicht es, wenn du formlos ein Schreiben mit folgendem Wortlaut einreichst:

Ich werde beim Finanzamt ... unter der Steuernummer ... (oder Umsatzsteueridentifikationsnummer ...) als umsatzsteuerpflichtig geführt und erkläre hiermit, dass ich die Umsatzsteuer ans Finanzamt abführe.

Wichtig ist, dass das Schreiben von dir per Hand unterschrieben wird. Du kannst es dann per Post an die VG WORT schicken oder auch einscannen und als Anhang an einer Mail einreichen.

Sobald die VG WORT weiß, dass du Umsatzsteuer an dein Finanzamt abführst, erhältst du deine Tantiemen inklusive des ermäßigten Steuersatzes in Höhe von 7 Prozent Umsatzsteuer. Dass der ermäßigte Steuersatz angewendet wird, ist im Umsatzsteuergesetz so festgelegt.

Du musst der VG WORT nicht jedes Jahr erneut schreiben, dass du umsatzsteuerpflichtig bist, es reicht eine einmalige Mitteilung. Sollte sich jedoch an deiner Umsatzsteuerpflicht etwas ändern, so musst du das natürlich an die VG WORT melden.

Hast du die VG WORT noch nicht über deine Umsatzsteuerpflicht unterrichtet und bereits Tantiemen ohne Umsatzsteuer ausgezahlt bekommen, so kannst du die darauf entfallende Steuer noch bis zu 10 Jahre rückwirkend seit Beginn deiner Umsatzsteuerpflicht per Rechnung bei der VG WORT einfordern.

Für Nachforderungen von Umsatzsteuerbeträgen wendet die VG WORT übrigens die Mindestauszahlungsgrenze von 10 Euro an. Alle Beträge darunter werden gesammelt und mit der nächsten Zahlung ausgezahlt, sobald du mehr als 10 Euro von der VG WORT zu erhalten hast.

Wann gibt es Geld?

Geld bekommst du im Zuge der Ausschüttung. Jedes Jahr Ende Juni oder Anfang Juli ist es soweit und die VG WORT überweist dir deine Tantiemen. Dabei ist es wichtig für dich zu wissen, dass du nur für fristgerecht eingegangene und gültige Meldungen Geld bekommst.

Die VG WORT überweist dir deine Tantiemen auf das bei ihr hinterlegte Konto. Liegen deine Tantiemen unter 10 Euro insgesamt, behält die VG WORT das Geld zurück und überweist dir den Gesamtbetrag, sobald die Summe 10 Euro insgesamt übersteigt.

Bis zum 1. Juli jeden Jahres hast du Zeit, deine meldefähigen Texte online bei der VG WORT zu melden. Keine Angst, du musst nicht selbst dran denken, du bekommst rechtzeitig eine Mail zugeschickt, dass einer oder mehrere deiner Texte den Mindestzugriff erreicht hat oder haben und du eine Meldung einreichen kannst (musst), um deine Tantiemen zu bekommen.

Natürlich kannst du diese Mail nur dann bekommen, wenn du bei der VG WORT angemeldet bist, einen Wahrnehmungsvertrag abgeschlossen hast bzw. dich unter tom.vgwort.de registriert hast. Und natürlich kann die VG WORT dir nur dann eine Mail schicken, wenn du in deinen Artikeln Zählpixel eingebaut hast, so dass die Abrufe deiner Texte gezählt werden können.

Termine, Termine, Termine

Um Geld von der VG WORT zu bekommen, musst du bestimmte Termine unbedingt und ganz genau einhalten. Meldest du deine Texte zu spät für die Ausschüttung an, gehst du leer aus. Schickst du deinen Wahrnehmungsvertrag zu spät ein, gehst du für dieses Jahr leer aus. Die VG WORT kennt da kein Erbarmen.

Anmeldung bei der VG Wort

Deine Anmeldung muss bis spätestens Jahresende (31. Dezember) per Post bei der VG WORT eingegangen sein, damit du im Folgejahr Tantiemen erhalten kannst. Schicke deinen unterschriebenen Wahrnehmungsvertrag also nicht zu spät los. Für die VG WORT zählt nicht, an welchem Tag du ihn abgeschickt hast, sondern wann er bei der VG WORT angekommen ist. Auch wenn du dich online unter tom.vgwort.de anmeldest, musst du deine Unterlagen noch ausdrucken und der VG WORT unterschrieben zuschicken.

Ein Muster des Wahrnehmungsvertrages findest du übrigens auf den Seiten der VG WORT unter https://www.vgwort.de/publikationen-dokumente/wahrnehmungsvertrag.html.

Kündigung des Wahrnehmungs-vertrages

Der Wahrnehmungsvertrag mit der VG WORT ist auf unbestimmte Zeit geschlossen. Natürlich kannst du deinen Vertrag auch wieder kündigen, wenn du nicht mehr möchtest, dass die VG WORT sich um die Rechte an deinen Texten kümmert. Dazu muss deine Kündigung bis spätestens 30. Juni bei der VG WORT eingehen und wird zum Ende des Kalenderjahres gültig. Danach bist du wieder selbst Inhaber aller deiner Zweitverwertungsrechte. Die VG WORT zahlt dir auch nach deiner Kündigung noch die dir zustehenden Tantiemen für die Zeit während des Wahrnehmungsvertrages aus, jedoch keine Tantiemen mehr für die Zeit nach Ende des Vertrages.

Änderungen

Solltest du umziehen, ein weiteres Pseudonym verwenden, deinen Namen ändern oder deine Bankverbindung, so musst du dies der VG WORT umgehend mitteilen. Sollten deine Tantiemen beispielsweise nicht überwiesen werden können, weil die VG WORT deine aktuelle Bankverbindung nicht kennt, so ist sie nicht dafür verantwortlich, wenn du dadurch keine Zahlung bekommst.

Festlegung des Mindestzugriffs

Jedes Jahr Anfang Januar legt die VG WORT fest, wie hoch die Anzahl der Mindestzugriffe ist, die dein Text im vorhergehenden Jahr erreicht haben muss, damit er Tantiemen erhält. Schon seit Beginn der Ausschüttungen für Texte im Internet liegt dieser Wert bei 1.500 Zugriffen im Jahr. Während anfangs ein je nach Menge der Zugriffe gestaffelter Betrag ausgezahlt wurde, erhält inzwischen jeder Text, der die Mindestzugriffe erreicht hat, den gleichen Betrag.

Bist du neugierig, wie viel das bisher war, kannst du unter anderem in der Wikipedia die alten Daten einsehen.

ÜBERSICHT DER TERMINE

ÜBERSICHT DER TERMINE

Die für dich als Blogger*in/Podcaster*in wichtigen Termine noch einmal in der Übersicht

Anfang Januar
Mindestzugriff wird im Meldesystem festgelegt
Beginn der Ausschüttungsperiode für Urheber*innen zur regulären METIS-Ausschüttung

31. Januar
Meldeschluss für die Sonderausschüttung für Urheber*innen im Bereich Texte im Internet

Ende Juni/Anfang Juli
Hauptausschüttung der VG WORT

1. Juli
Meldeschluss für Urheber*innen im Bereich Texte im Internet zu den im Vorjahr erhobenen Zugriffen

31. Dezember
Einsendeschluss (per Post, Posteingang bei der VG WORT) für den Abschluss des Wahrnehmungsvertrags

METIS zu deinem Vorteil ausnutzen

Ehe du jetzt gleich praktisch mit der Anmeldung bei der VG WORT loslegen kannst, möchte ich dir noch ein paar Tipps geben, wie du bereits beim Schreiben deiner Artikel die Tantiemen der VG WORT mit bedenken kannst.

Mindestzeichenzahl

Du hast bereits gelesen, dass du nur dann Tantiemen für einen Artikel bekommst, wenn dieser mindestens 1.800 Zeichen Länge hat. Das solltest du bereits beim Schreiben im Hinterkopf behalten. Längere Artikel sind auch aus Sicht der Suchmaschinenoptimierung oft lohnenswert.

Ist dein Artikel im Moment kürzer als 1.800 Zeichen, solltest du überlegen, ob du nicht noch einen oder zwei Abschnitte anfügst, so dass er die Mindestlänge erreicht. Aber bitte behalte dabei deine Leser*innen im Hinterkopf und schreibe nicht uninteressante Inhalte oder Füllwörter nur für die VG WORT dazu. Denk auch immer dran, dass nicht nur die Mindestzeichenzahl wichtig ist, sondern auch, dass dein Artikel innerhalb des Jahres mehr als 1.500 mal aufgerufen werden muss.

Hast du einen sehr langen Artikel verfasst und steuerst auf die 10.000 Zeichen zu? Sehr gut, denn dass für Artikel dieser Länge nur die Hälfte der Mindestzugriffe notwendig ist, hast du bereits gelesen. Aber auch hier gilt: Mach deinen Artikel nicht krampfhaft länger, nur um die Vorgaben der VG WORT zu erfüllen, sondern versuche dabei immer, für deine Leser*innen einen Mehrwert zu schaffen.

Erleichterung der Übersicht schon beim Schreiben

Arbeitest du in deinem Blog mit Wordpress, gibt es verschiedene Plugins dafür, mit denen du die Übersicht über deine Zählpixel und die aktuelle Länge deiner Artikel behalten kannst. Mit diesen Plugins siehst du immer, wie lang dein Artikel aktuell ist und wie viele Zeichen für die Mindestlänge noch fehlen. Und du kannst beispielsweise deinem Artikel automatisch einen Zählpixel zuordnen lassen. Per Mausklick liefern dir die Plugins auch den Link, den du bei der ersten Meldung dieses Artikels bei der VG WORT hinterlegen musst und auch den Text, der dort angegeben werden muss.

Da diese Plugins dir deine Arbeit als Blogger*in und Podcaster*in deutlich erleichtern, findest du eine ausführliche Beschreibung dazu später.

Kapitel 3

T.O.M.
und der
Wahrnehmungs-
Vertrag

T.O.M.-Registrierung Schritt für Schritt

Um deine Artikel für die Auszahlung der Tantiemen durch die VG WORT melden zu können, musst du dich online registrieren und einen sogenannten Wahrnehmungsvertrag abschließen. Erst dann kannst du Zählpixel für den Einbau in deinem Blog bestellen, Artikel zur Hauptausschüttung oder Sonderausschüttung melden und so weiter. Mit dem Warhnehmungsvertrag beauftragst du die VG WORT, die Rechte an

Zweitverwertungen deiner Werke wahrzunehmen.

T.O.M.

= Texte Online Melden

Die Registrierung erfolgt unter https://tom.vgwort.de/portal/login. Alternativ gehst du auf die Startseite unter tom.vgwort.de und klickst dort links auf Einloggen und dann noch einmal auf Einloggen.

Hier kannst du dich nun entweder einloggen, wenn du bereits Zugangsdaten hast oder dich neu registrieren, indem du im rechten Bereich auf "Jetzt neu registrieren" klickst.

Auf der folgenden Seite kannst du auswählen, ob du dich als Autor*in oder Verlag registrieren möchtest.

Du als Blogger*in bist natürlich Autor*in – und das ist auch die Vorauswahl, du kannst also einfach auf "Weiter" klicken.

Nun musst du deine Daten eingeben. Bei der Neu-Registrierung hast du noch keine Karteinummer, dieses Feld kannst du also frei lassen. Den Rest füllst du aus und legst dir einen Benutzernamen und ein Passwort an. Ganz am Ende der Seite kannst du dich noch für den Newsletter der VG WORT anmelden, was ganz sicher nicht schadet. Hier musst du auch bestätigen, dass du per Mail kontaktiert werden darfst, die Bedingungen für die Teilnahme am Meldesystem akzeptierst und die Datenschutzhinweise gelesen hast.

Nach einem Klick auf "Weiter" kannst du Daten zu den von dir verwendeten Pseudonymen angeben, also wie viele und welche Pseudonyme du hast, und welcher Berufsgruppe du angehörst. Nach einem Klick auf "Weiter" am Seitenende kannst du direkt deine Pseudonyme hinterlegen. Für dich als Blogger*in ist das vielleicht eher weniger relevant, es sei denn, du bloggst unter einem Pseudonym.

Am unteren Ende der Seite kannst du der VG WORT noch einen Inkassoauftrag für das Ausland geben. Ein Muster, wie dieser aussieht, findest du unter https://www.vgwort.de/publikationen-dokumente/inkasso-auftrag-fuer-das-ausland.html. Mit dem Inkassoauftrag räumst du der VG WORT das Recht ein, auch Tantiemen für die Verwertung deiner Rechte im Ausland zu übernehmen. Zu diesem Zweck hat die VG WORT mit ausländischen Verwertungsgesellschaften Verträge geschlossen, so dass die Wahrnehmung deiner Verwertungsrechte in anderen Ländern durch die VG WORT möglich ist. Das ist wichtig, falls du Gastbeiträge auf ausländischen Blogs schreibst, ansonsten kannst du diesen Punkt auch weglassen.

Anschließend gibst du auf der nächsten Seite direkt deine Bankdaten ein, damit die Überweisung deiner Tantiemen bei dir ankommt. Auf der letzten Seite kannst du noch einmal alle Angaben überprüfen, ehe du auf "Absenden" klickst.

Dein Wahrnehmungsvertrag

Nach dem Absenden deiner Registrierung für das Portal T.O.M. wird dir angezeigt, welche weiteren Schritte notwendig sind. Punkt 1, nämlich die Eingabe deiner persönlichen Daten, hast du bereits erledigt. Du musst dir nun unter Punkt 2 mit einem Klick auf "Vertragsunterlagen" die bereits vorausgefüllten Unterlagen herunterladen, ausdrucken und – ganz wichtig! – unterschrieben per Post an die VG WORT schicken. Einschicken musst du deine Anmeldung zum Meldesystem, deinen Wahrnehmungsvertrag, das Formular zur Berufsgruppenwahl und eventuell den Inkassoauftrag für das Ausland (diesen in zweifacher Ausfertigung).

Solltest du vergessen haben, die Unterlagen herunterzuladen und auszudrucken, kannst du das jederzeit wiederholen. Dazu loggst du dich mit den von dir gewählten Zugangsdaten unter tom.vgwort.de ein. Dort findest du dann die entsprechenden Unterlagen.

Bitte sende die Unterlagen wirklich ganz oldschool per Post. Unterlagen, die per Fax oder eingescannt per Mail eingeschickt werden, wird die VG WORT leider nicht akzeptieren. Du bist dann nicht angemeldet und kannst keine Tantiemen bekommen.

Sobald dein Wahrnehmungsvertrag bei der VG WORT eingegangen ist und bearbeitet wurde, erhältst du eine Mail mit der Information über deine Freischaltung für das Meldesystem. Die VG WORT sendet dir außerdem ein gegengezeichnetes Exemplar deines Wahrnehmungsvertrages per Post zu.

Urheber*innen aus Österreich und der Schweiz

Als Urheber*in aus diesen Ländern solltest du einen Wahrnehmungsvertrag mit der Verwertungsgesellschaft deines Landes abschließen. Bei der VG WORT kannst du dich danach ebenfalls für das Meldesystem registrieren, musst dann allerdings lediglich die Meldesystemregistrierung und nicht zusätzlich den Wahrnehmungsvertrag einsenden. Bitte weise in diesem Fall darauf hin, dass du bei Literar Mechana für Österreich bzw. Pro Litteris für die Schweiz bereits registriert bist.

Eine Anmeldung bei der VG WORT ist allerdings nur dann für dich sinnvoll, wenn du als Autor*in aus Österreich oder der Schweiz auf deutschen Blogs oder Seiten Texte publizierst.

Kapitel 4

Der Zählpixel, das unbekannte Wesen

Lerne deinen Zählpixel kennen

Der Zählpixel oder auch die Zählmarke ist dein wichtigstes Werkzeug als Blogger*in, um an Tantiemen von der VG WORT zu gelangen. Zählpixel sind ein unsichtbares Bild, welches du in deinen Text einbaust und worüber die Aufrufe deines Artikels gezählt werden.

Der Aufbau eines Zählpixels

Jeder Zählpixel ist individuell und besteht aus fünf Teilen: je zwei Einbaucodes für HTML-Texte und PDF-Dateien, einmal mit SSL-Verschlüsselung und einmal ohne, sowie ein privater Identifikationscode.

Zu jedem Zählpixel gehört auch jeweils ein individueller öffentlicher Code. Dieser steht als Zahlen-Buchstaben-Kombination im Einbaucode mit drin. Damit der Code eines Pixels nicht von der Webseite "geklaut" werden kann, bekommt jeder Pixel einen privaten Identifikationscode zugeordnet. Dieser ist für die Meldung notwendig und sollte auf gar keinen Fall anderen Personen außer dir bekannt sein.

Wie du im Bild oben siehst, bekommst du für den Einbau in HTML Texte und PDF-Dateien jeweils eine

Codezeile geliefert. Die Variante der Zählpixel, die in deiner Liste mit http beginnt, nutzt du für den Einbau in (noch) nicht mit SSL verschlüsselten Seiten und Blogs. Ist dein Blog oder deine Webseite mit SSL verschlüsselt, so benutzt du auf jeden Fall die Variante mit https. Nur auf diese Weise können die Aufrufe deiner Texte auch wirklich richtig gezählt werden.

Für HTML-Texte ist dein Zählpixel zum Beispiel wie folgt aufgebaut:

<img src="http://vg07.met.vgwort.de/na/4ce-23fe84921464eb420700941301153" width="1" height="1" alt="">

Die lange Zahlenfolge, in diesem Fall 4ce-23fe84921464eb420700941301153 ist der öffentliche Identifikationscode des Zählpixels. Diesen darfst du auf gar keinen Fall verändern, sonst können deine Texte nicht mehr gezählt werden.

Der Teil direkt vor dem Code des Pixels, nämlich http://vg07.met.vgwort.de/na/, ist die Angabe der Adresse, unter der der Pixel zu finden ist. In diesem Fall wird der Zählpixel vom Server vg07 im System METIS der VG WORT abgerufen. Auch diesen Linkteil darfst du auf gar keinen Fall verändern, sonst wird

56

der Pixel nicht gefunden und die Aufrufe deines Textes werden nicht richtig gezählt.

Alle Teile um den eigentlichen Link zum Pixel herum, also <img src="h..." width="1" height="1" alt=""> sind der HTML-Code, den du brauchst, um deinen Zählpixel in den Code deines Artikels einzubauen.

Abgesehen vom gleichbleibenden Gesamtlink des Pixels http://vg07.met.vgwort.de/na/4ce-23fe84921464eb420700941301153 sehen die Zählmarken für den Einbau bei PDF- und ePub-Dokumenten ein wenig anders aus:

<a href="http://vg07.met.vgwort.de/na/4ce23fe849 21464eb420700941301153?l=URL _DES_DOKU- MENTS">LINK-NAME</a>

Wie du siehst, bleibt der eigentliche Link des Pixels genau gleich. Der Einbaucode ist allerdings anders. Der Teil <a href="...?l="">...</a> ist der notwendige HTML-Einbaucode für den Zählpixel in den Code deines Artikels. Unter URL_DES_DOKUMENTS trägst du den direkten Link zu deinem PDF oder deinem ePub ein. Unter LINK-NAME vergibst du einen Text, unter dem der Link zur Datei auf deiner Webseite oder in deinem Blog auftaucht.

Wie der Einbau und die Verwendung des Zählpixels genau funktionieren, erfährst du in Kapitel 5.

Grundlagen der Verwendung von Zählpixeln

Jede Zählmarke kann nur für einen einzigen Text verwendet werden. Nach dem Einbau der Zählmarke ist diese Zählmarke genau diesem Text fest zugeordnet und kann keinem anderen Text mehr zugeordnet werden.

Teilst du einen langen Blogtext auf mehrere Seiten auf, musst du diesem Text laut der Vorgaben der VG WORT auch auf allen Seiten die gleiche Zählmarke zuordnen. Veröffentlichst du den gleichen Text auf verschiedenen Seiten, also beispielsweise in deinem eigenen Blog und unverändert als Gastbeitrag anderswo, musst du ihm die gleiche Zählmarke zuordnen.

Mit dem Einbau des Zählpixels startet auch die Zählung der Aufrufe. Da die Aufrufe je Kalenderjahr gezählt werden, läuft der Zähler des Zählpixels bis einschließlich 31.12., also bis zum Ende des Jahres. Zum Jahreswechsel werden die Zähler der Pixel zurückgesetzt und ab 01.01. des darauffolgenden Jahres fängt die Zählung der Aufrufe wieder bei Null an. Für die Auszahlung der Tantiemen sind also alle Aufrufe zwischen 01.01. und 31.12. maßgeblich, die der Zählpixel gezählt hat.

Das gilt natürlich auch für Artikel, die du im Laufe des Jahres veröffentlichst. Diese haben dann abhängig vom Zeitpunkt der Veröffentlichung weniger Zeit, die notwendigen Mindestaufrufe zu erreichen. Artikel, die du Anfang Januar veröffentlichst, haben also fast ein ganzes Jahr Zeit, ausreichend Aufrufe zu sammeln. Artikel, die du erst im Verlauf des Dezembers veröffentlichst, haben für das entsprechende Auszahlungsjahr lediglich ein paar Tage Zeit, ehe der Zähler für das Folgejahr startet.

Zählpixel und die DSGVO

Laut der Datenschutzgrundverordnung, kurz DSGVO, musst du die Leser*innen deines Blogs darüber aufklären, welche Daten du von ihnen erhebst. Verwendest du beispielsweise ein Analytics-Programm oder auch ein Kontaktformular oder verlinkst du zu Facebook, so werden unter Umständen Daten deiner Leser*nnen gespeichert. Daher musst du dies in der Datenschutzerklärung deines Blogs angeben.

Eine DSGVO-konforme Datenschutzerklärung kannst du dir, falls du noch keine hast, auf folgender Webseite generieren lassen: https://www.e-recht24.de/muster-datenschutzerklaerung.html.

Diese Erklärung lädst du am Ende herunter und kannst sie in dein Blog einbinden.

Verwendest du auf deiner Seite Zählmarken der VG WORT, so musst du dies ebenfalls in deine Datenschutzerklärung einbinden. Verwendest du ein Plugin, beispielsweise Prosodia VGW OS für Zählmarken, so findest du dort unter dem Menüpunkt "Datenschutz" einen Textabschnitt, den du in deine Datenschutzerklärung einbauen kannst.

Du findest mehrere Textbausteine zu diesem Zweck auch im von der VG WORT unter https://tom.vgwort.de/portal/showParticipationCondition bereitgestellten PDF-Dokument unter Punkt 5, also ganz am Ende. So sehen sie aus:

Cookies und Meldungen zu Zugriffszahlen

Wir setzen "Session-Cookies" der VG WORT, München, zur Messung von Zugriffen auf Texten ein, um die Kopierwahrscheinlichkeit zu erfassen. Session-Cookies sind kleine Informationseinheiten, die ein Anbieter im Arbeitsspeicher des Computers des Besuchers speichert. In einem Session-Cookie wird eine zufällig erzeugte eindeutige Identifikationsnummer abgelegt, eine sogenannte Session-ID. Außerdem enthält ein Cookie die Angabe über seine Herkunft und die Speicherfrist. Session-Cookies können keine anderen Daten speichern. Diese Messungen werden von der Kantar Deutschland GmbH nach dem Skalierbaren Zentralen Messverfahren (SZM) durchgeführt. Sie helfen dabei, die Kopierwahrscheinlichkeit einzelner Texte zur Vergütung von gesetzlichen Ansprüchen von Autoren und Verlagen zu ermitteln. Wir erfassen keine personenbezogenen Daten über Cookies.

Viele unserer Seiten sind mit JavaScript-Aufrufen versehen, über die wir die Zugriffe an die Verwertungsgesellschaft Wort (VG WORT) melden. Wir ermöglichen damit, dass unsere Autoren an den Ausschüttungen der VG WORT partizipieren, die die gesetzliche Vergütung für die Nutzungen urheberrechtlich geschützter Werke gem. § 53 UrhG sicherstellen.

Eine Nutzung unserer Angebote ist auch ohne Cookies möglich. Die meisten Browser sind so eingestellt, dass sie Cookies automatisch akzeptieren. Sie können das Speichern von Cookies jedoch deaktivieren oder Ihren Browser so einstellen, dass er Sie benachrichtigt, sobald Cookies gesendet werden.

Datenschutzerklärung zur Nutzung des Skalierbaren Zentralen Messverfahrens

Webangebote

Unsere Website und unser mobiles Webangebot nutzen das "Skalierbare Zentrale Messverfahren" (SZM) der Kantar Deutschland GmbH für die Ermittlung statistischer Kennwerte zur Ermittlung der Kopierwahrscheinlichkeit von Texten.

Dabei werden anonyme Messwerte erhoben. Die Zugriffszahlenmessung verwendet zur Wiedererkennung von Computersystemen alternativ ein Session-Cookie oder eine Signatur, die aus verschiedenen automatisch übertragenen Informationen Ihres Browsers erstellt wird. IP-Adressen werden nur in anonymisierter Form verarbeitet.

Das Verfahren wurde unter der Beachtung des Datenschutzes entwickelt. Einziges Ziel des Verfahrens ist es, die Kopierwahrscheinlichkeit einzelner Texte zu ermitteln.

Zu keinem Zeitpunkt werden einzelne Nutzer identifiziert. Ihre Identität bleibt immer geschützt. Sie erhalten über das System keine Werbung.

WICHTIG

Bitte baue den Datenschutzhinweis auf jeden Fall ein, wenn du die Zählpixel verwenden willst. Ansonsten kann es zu Abmahnungen und Strafzahlungen aufgrund fehlender oder mangelhafter Datenschutzhinweise kommen. Und das wird teuer.

Ausflug: Zählmarke oder Sonderausschüttung

Wie schon gesagt, ist für dich als Blogger*in in deinem eigenen Blog das wichtigste Werkzeug der Zählpixel. Doch was ist zum Beispiel mit Texten, bei denen du keine Möglichkeit hast, einen Zählpixel einzubauen? Vor allem Gastbeiträge auf anderen Blogs oder anderen Seiten dürften hierbei betroffen sein. Manchmal weigern sich andere Blogger*innen, deinen Zählpixel einzubauen, wissen nicht, wie das geht, oder haben schlichtweg nicht die Möglichkeit dazu. Schaust du nun für deinen tollen Text in die Röhre, was die Vergütung angeht?

In diesem Fall hast du die Möglichkeit, deinen Text zur sogenannten Sonderausschüttung bei der VG WORT zu melden.

Zählpixel oder Sonderausschüttung, was ist besser?

Du fragst dich sicher, welche Variante besser ist: In jeden Text, bei dem es möglich ist, einen Zählpixel einbauen oder einfach pauschal deine Texte über die Sonderausschüttung melden. Die Frage ist ganz einfach zu beantworten. Für jeden vergütbaren Text, der per Zählpixel gemeldet wurde und bei dem es damit zur regulären Ausschüttung kam, erhielt der Autor oder die Autorin im Jahr 2018 knappe 30 Euro. Für 10 Texte sind das schon knappe 300 Euro, für 20 Texte erhält man 600 Euro.

Bei der Sonderausschüttung bekommt man als Autor*in deutlich weniger. Die Meldung wird hierbei eingeteilt in die Anzahl der auf der gemeldeten Seite veröffentlichten Texte. Die vorausgewählte Kategorie, die wohl auf die meisten Autoren auf "fremden" Webseiten zutrifft, lautet "1 bis 20 Texte". Das bedeutet, dass du als Autor*in auf dieser Seite mindestens einen, jedoch maximal 20 Texte veröffentlicht hast. Als Gastautor*in dürfte das in den meisten Fällen passen. In dieser Kategorie bekommst du für jeden veröffentlichten Text pauschal 13 Euro (Stand: 2018). Das bedeutet: Für 10 Texte bekommst du 130 Euro, für 20 Texte bekommst du 260 Euro.

Du siehst, die reguläre Ausschüttung bringt dir deutlich mehr Geld. Du als Blogger*in solltest daher auch bei Gastbeiträgen auf anderen Blogs immer versuchen, einen deiner Zählpixel in deinen Beitrag einbauen zu können. Auf deinem eigenen Blog solltest du auf jeden Fall mit Zählpixeln arbeiten, wenn du die technische Möglichkeit hast.

Zählmarken bestellen

Nach dem Einloggen unter tom.vgwort.de kannst du im Bereich "METIS (reguläre Ausschüttung)" Zählpixel bestellen. Dazu klickst du dort einfach auf "Zählmarkenbestellung". Danach kannst du auswählen, wie viele Zählmarken du benötigst. Du kannst je Bestellvorgang bis zu 100 Zählpixel bestellen. Für jedes Kalenderjahr stehen dir bis zu 4000 Zählpixel für Bestellungen zur Verfügung.

Nach einem Klick auf "Zählmarken bestellen" hast du die Möglichkeit, deine neuen Zählmarken in zwei verschiedenen Formaten herunterzuladen: als PDF-Datei oder als CSV-Liste für Tabellenkalkulationsprogramme wie Excel. Statt sie herunterzuladen, kannst du sie auch direkt von der Seite der VG WORT kopieren und einzeln in deine Artikel einfügen.

ACHTUNG

Du kannst die Übersicht der bestellten Zählmarken, die dir direkt nach der Bestellung angezeigt wird, später nicht noch einmal aufrufen. Du solltest dir also definitiv die bestellten Pixel abspeichern, ehe du die Seite mit der Bestellung schließt.

Von der Möglichkeit des direkten Kopierens der Zählpixel gleich nach der Bestellung rate ich dir ab. Du solltest sie nur dann nutzen, wenn du dich mit den

Zählmarken sehr gut auskennst. Die Gefahr, nicht alle für die Zählung notwendigen Bestandteile des langen Codes zu kopieren, ist in diesem Fall vor allem für Einsteiger recht hoch.

Download der Zählmarken:

📄 **Download als PDF-Datei**   📊 **Download als CSV-Datei**

1		
	Zählmarke für HTML Texte	<img src="http alt="">
	Zählmarke für HTML Texte - SSL (https://...)	<img src="http height="1" alt=
	Zählmarke für Dokumente (erlaubte Formate: PDF, ePub)	<a href="http: l=URL_DES_l
	Zählmarke für Dokumente (erlaubte Formate: PDF, ePub) - SSL (https://...)	<a href="https l=URL_DES_l
	Privater Identifikationscode	a44:

Der Vorteil des Downloads der Übersicht als PDF besteht darin, dass du nicht aus Versehen einen Textteil aus dem Dokument löschen kannst und auf diese Weise eine Zählmarke im Zweifelsfall unbrauchbar machst.

Der Download der Zählpixel als CSV-Datei bietet sich vor allem an, wenn du ein Plugin verwendest. Die gängigen Zählmarken-Plugins für Wordpress importieren die von dir bestellten Zählpixel als CSV-Datei und speichern sie für ihre Verwendung ab.

Kapitel 5

Haltung und Pflege deines neuen Zählpixels

Handarbeit ohne Plugin

Um deine Zählpixel ohne ein Plugin zu verwalten und in deine Beiträge einbauen zu können, musst du Zugriff auf den HTML-Code deiner Beiträge haben und dich am besten auch ein wenig mit HTML auskennen.

Arbeitest du mit dem Content Management System (CMS) Wordpress und kannst bei deinem Blog ein eigenes Plugin installieren, so empfehle ich dir auf jeden Fall die Nutzung eines Plugins, selbst wenn du HTML-Kenntnisse hast. Einbau und Verwaltung deiner Zählmarken werden damit deutlich erleichtert.

Das Einbauen eigener zusätzlicher Plugins funktioniert in den meisten Fällen nicht in den kostenfreien Versionen des Angebotes bei z.B. wordpress.com oder auch blogger.com. Es funktioniert aber auf jeden Fall, wenn du dein Blog selbst betreibst, also unabhängig von den gängigen Blogplattformen.

Um deine Zählmarken ohne ein Plugin zu verwalten und in deine Texte einzubauen, reicht es, wenn du in deinem CMS beim Schreiben eines Artikels umschalten kannst von der WYSIWYG-Ansicht auf die HTML-Ansicht. In den meisten CMS sollte dies möglich sein.

Der Einbau in bestehende Artikel

Ohne Plugin musst du den gesamten Einbaucode für die Zählmarke selbst in den HTML-Code deines Artikels übertragen. Der Code muss dabei irgendwo im Bereich zwischen <body> und </body> stehen, also nicht im Kopf- oder Fußbereich deines Blogs, sondern jeder Zählpixel wird einem einzelnen Artikel zugeordnet und dort in den Code eingetragen.

Arbeitest du bei deinem Blog in Wordpress oder einem anderen CMS, so stellst du dafür im Backend die Ansicht deines Beitrages von WYSIWYG um auf Text bzw. HTML.

WYSIWYG

= *What You See Is What You Get; die Anzeige deines Blogtextes, wie er auch für deine Leser*innen aussieht*

Auf der nächsten Seite siehst du, wie sich die Ansicht nach dem Umstellen verändert. Das obere Bild zeigt die WYSIWYG-Ansicht, das untere die Ansicht im HTML-Code.

Du siehst hier jede Menge HTML-Befehle, die dafür sorgen, dass das Bild vom Cover des Buches verlinkt ist oder der Text fett ausgegeben wird. Deinen Zählpixel kannst du nun einfach am oberen Ende des Codes einfügen. Oder alternativ auch am unteren Ende. Theoretisch ginge es auch, den Code irgendwo dazwischen einzufügen, aber wir wollen ja ein wenig Ordnung haben im Text, nicht wahr?

Die Ansicht nach dem Einfügen des Einbau-Codes für deine Zählmarke:

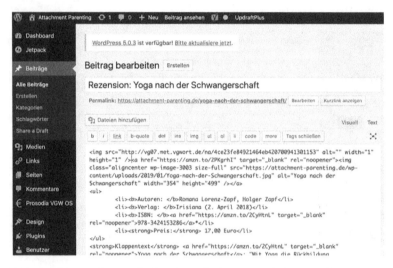

Der Zählpixel wird als unsichtbares Bild eingebaut, erkennbar am Code <img> für Image.

In der visuellen Ansicht ändert sich nichts, da der Zählpixel ja unsichtbar ist. Vor dem Bild des Buchcovers in diesem Beispiel ist also nichts zu sehen. Falls doch: Du kannst sowohl bei "width" als auch bei "height" den Wert von 1 auf 0 setzen. Und den Code – zur Not – dann eben doch ans Ende des Quellcodes deines Artikels stellen.

Das war es schon. Der Einbau ist wirklich kein Hexenwerk. Du musst jetzt nur einfach wieder umschalten auf die visuelle Ansicht, also WYSIWYG, und dann deinen Artikel aktualisieren bzw. wieder speichern. Ab dann wird jeder Aufruf für die VG WORT gezählt. Auf diese Weise kannst du in jeden bereits bestehenden Artikel auf deinem Blog eine Zählmarke einbauen.

Um dir ein wenig Einbauarbeit zu sparen, könntest du auch für den Anfang in deiner Statistik schauen, welche Artikel überhaupt im Vorjahr über oder zumindest nahe an den Mindestaufrufen der VG WORT waren und in einem ersten Schritt nur diese Artikel mit einem Zählpixel versehen. Grundsätzlich kann aber auch aus einem bisher vor sich hindümpelnden Artikel irgendwann aus irgendeinem Grund der absolute Favorit deiner Leser*innen werden. Daher empfehle ich dir langfristig den Einbau in alle deine Blogbeiträge.

Der Einbau in neue Artikel

Auch jeder neu erscheinende Artikel wird ab sofort von dir noch vor der Veröffentlichung genau auf die gleiche Weise wie bei bestehenden Artikeln mit einem Zählpixel versehen. Damit fließt von Beginn an jeder Aufruf des Artikels in die Zählung der VG WORT ein und jeder neue Artikel hat die Chance, dir Tantiemen einzubringen.

Der Einbau für PDFs und ePUBs

Der Einbau von Zählmarken für kopierschutzfreie PDF- und ePub-Dateien, die du auf deinem Blog zum Download anbietest, geschieht ein wenig anders. Das zu zählende Dokument wird per Link eingebaut und nicht wie der einzelne Zählpixel für einen Artikel als Bild. Den Code für den Einbau bei Dokumenten hast du bereits bei der Erklärung der Zählpixel kennengelernt: *<a href="http://vg07.met.vgwort.de/na/4ce23fe 84921464eb420700941301153?l=URL_DES_DOKU-MENTS">LINK-NAME</a>*

Wie bereits erklärt, ersetzt du den Teil URL_DES_DO-KUMENTS mit dem bisherigen Direktlink zu deinem Dokument, also beispielsweise durch http://www. meinblog.de/download/whitepaper.pdf. Statt LINK_ NAME fügst du den Text ein, unter dem der Link sozusagen versteckt sein soll.

Ein vollständig eingebauter Zählpixel für das PDF-Dokument im obigen Beispiel könnte also in der Codeansicht so aussehen: *<a href="http://vg07.met.vgwort. de/na/4ce23fe84921464eb420700941301153?l=http://www. meinblog.de/download/whitepaper.pdf">Lade dir hier mein Whitepaper herunter!</a>*

Wichtig ist, den Code nicht zu verändern und nicht aus Versehen Leerzeichen einzufügen, wo keine hingehören, da sonst dein Link nicht funktioniert. Der Buchstabe nach dem Fragezeichen im Link ist übrigens ein kleines L und kein großes I. Zwischen a und href muss ein Leerzeichen hin und natürlich darfst du den Text "Lade dir hier mein Whitepaper herunter!" mit Leerzeichen schreiben. Außer diesen Leerzeichen ist jedoch ansonsten im Einbaucode KEIN weiteres Leerzeichen erlaubt.

Wie funktioniert die Zählung?

Klickt die / der Leser*in diesen Link an, wird zuerst die Zählmarke aufgerufen und diese leitet auf das Whitepaper-PDF weiter. Das geschieht so schnell, dass die / der Leser*in die Weiterleitung nicht einmal merken wird. Für dich ist jedoch wichtig, dass nur die Aufrufe des PDFs gezählt werden, bei denen die Weiterleitung über den Pixel erfolgt. Direkte Aufrufe des PDFs werden also nicht gezählt. Solltest du also den Link zu deinem PDF anderswo teilen, so verwende stets die gesamte URL inklusive der Weiterleitung über den Zählpixel.

Kennst du dich mit Javascript aus, so kannst du die eben genannte Einschränkung umgehen. Die Anleitung dazu stellt dir die VG WORT im Dokument https://tom.vgwort.de/Documents/pdfs/dokumentation/metis/DOC_Urhebermeldung.pdf zur Verfügung unter 8.2.3 Einbau für Dokumente mit Hilfe von JavaScript. Da diese Möglichkeit nur für fortgeschrittene Nutzer*innen geeignet ist, verzichte ich darauf, sie dir hier näher zu erläutern.

Klappt die Zählung?

Bitte teste am Ende in deinem Beitrag, ob der neue Link mit Zählmarke funktioniert, indem du in der Webansicht deines Blogs einfach den neuen Link anklickst. Funktioniert die Verlinkung und dein Dokument wird am Bildschirm genauso angezeigt wie bei Klick auf den früheren Link ohne Zählmarke, ist alles in Ordnung.

Beim Einbau von Hand voraus- denken

Aus dem Kapitel "Wer? Was? Wie viel? Wann?" weißt du bereits, dass du schon beim Schreiben deiner Artikel deine Tantiemen mit bedenken solltest. Ebenso kannst du dir auch direkt beim Einbau der Zählpixel die spätere Meldung an die VG WORT erleichtern.

Überblick behalten

Es ist wichtig, den Überblick über die Zuordnung deiner Zählpixel nicht zu verlieren. Deshalb speichere beispielsweise den Link zu dem Artikel, bei dem du die entsprechende Zählmarke verwendet hast, direkt in das PDF-Dokument (als Kommentar) oder in einer neuen Zeile oder Spalte der CSV-Datei mit deinen bestellten Zählpixeln ab. Machst du das nicht, musst du im Folgejahr, wenn dir unter tom.vgwort.de die Artikel angezeigt werden, die den Mindestzugriff im Vorjahr erreicht haben, die Links und Texte zu den jeweiligen Pixeln erst umständlich heraussuchen.

TIPP

Für mich persönlich hat sich bewährt, den Link des Artikels direkt im Anschluss an dessen Veröffentlichung bei der VG WORT als sogenannten „Webbereich" beim entsprechenden Zählpixel anzulegen.

Webbereich anlegen

Um den Link zu einem Artikel direkt bei der VG WORT als Webbereich des jeweiligen Zählpixels anzulegen, loggst du dich unter tom.vgwort.de ein und klickst links im Bereich "METIS (reguläre Ausschüttung)" auf "Suche in eigenen Zählmarken".

Dort kannst du dann den Identifikationscode des Zählpixels eingeben, den du deinem Artikel zugeordnet hast. Dabei kannst du sowohl den öffentlichen als auch den privaten Code verwenden, das ist in diesem Fall egal. Alle anderen Felder musst du nicht ausfüllen, es reicht die Eingabe des Identifikationscodes, um genau diesen einen Zählpixel aufzurufen. Deshalb werden nach Eingabe des Codes auch alle anderen Felder auf inaktiv gesetzt.

Nach einem Klick auf "Zählmarke suchen" werden dir die entsprechenden Informationen deines Zählpixels ausgegeben und du kannst auf den privaten Identifikationscode klicken, um weitere Informationen zu diesem Pixel zu bekommen. Dort findest du auch die Möglichkeit "Webbereich anlegen", die du jetzt auswählen musst, um zur folgenden Eingabemaske zu gelangen:

In diesem Fenster kannst du unter URL einfach per Copy & Paste den direkten Link zu deinem Artikel eintragen, dem dieser Zählpixel zugeordnet ist. Danach musst du nur noch auf Speichern klicken und hast deinen Link direkt für die nächste Meldung deinem Artikel zugeordnet und dir das weitere Vorgehen deutlich erleichtert.

Aber Vorsicht: Das Eintragen eines Webbereichs bei einer Zählmarke ersetzt nicht die spätere Meldung für die Ausschüttung! Allerdings erleichtert eine bereits eingetragene URL die spätere Meldung deines Textes und spart dir dann deutlich Zeit.

Ein Webbereich?
Mehrere Webbereiche?

Vielleicht hast du schon festgestellt, dass du für eine einzige Zählmarke mehrere Webbereiche anlegen kannst. Dafür gibt es mehrere Verwendungsmöglichkeiten.

Hast du deinen Beitrag mehrfach komplett veröffentlicht – und ist er auf beiden Seiten permanent auffindbar – so gibst du hier beide Links als jeweils einen Webbereich zur gleichen Zählmarke ein. In diesem Fall muss der Text an beiden Fundstellen mit der gleichen Zählmarke versehen sein. Das kann beispielsweise der Fall sein, wenn du den gleichen Text in einem Beitrag auf deinem Blog veröffentlicht hast und genau gleich noch einmal auf einer "Über mich"-Seite.

Ebenfalls musst du zwei oder mehr Webbereiche in der Meldemaske eintragen, wenn du den Text des Beitrages einmal auf der Seite und einmal zum Download als PDF oder ePub anbietest. Hinterlegt wird dann als Webbereich der Permalink zum Beitrag und der Direktlink des Dokumentes.

So Geht's

Bitte nicht den Link zu der Seite hier als Webbereich eintragen, auf der die Verlinkung des Downloads zu finden ist, sondern den Link zum Dokument selbst. Statt http://www.meinblog.de/downloads musst du als Webbereich http://www.meinblog.de/meinpdf.pdf eintragen.

Teilst du einen sehr langen Beitrag auf mehrere Seiten auf, so musst du die jeweiligen Links zu den Unterseiten ebenfalls als einzelne Webbereiche in der Meldemaske eintragen, also zum Beispiel http://www.meinblog.de/meinbeitrag-1 und http://www.meinblog.de/meinbeitrag-2. Dies gilt jedoch nur, wenn zusammenhängende Artikel aus Gründen der Lesbarkeit auf mehrere Seiten verteilt werden. Auch hier müssen alle Teile des Beitrages die gleiche Zählmarke erhalten.

Funktioniert der eingebaute Zählpixel?

Um zu überprüfen, ob dein Zählpixel richtig in deinen Artikel eingebaut wurde, brauchst du ein wenig Geduld. Der Zählerstart deiner Zählmarke erfolgt zwar in dem Moment, in dem das erste Mal ein Leser von einem deutschen Rechner aus deinen Artikel aufruft, allerdings dauert es bis zu vier Tage, ehe der Start des Zählers auch unter tom.vgwort.de angezeigt wird. Den Zählerstart kannst du für jede einzelne Zählmarke überprüfen oder du kannst dir alle Zählmarken anzeigen lassen, bei denen der Zählerstart bereits erfolgt ist.

Wie du nach einzelnen Zählmarken suchst, habe ich dir unter "Webbereich anlegen" schon gezeigt. Möchtest du alle bereits gestarteten Zählmarken ausgeben lassen, lässt du bei "Suche nach eigenen Zählmarken" das Feld für den Identifikationscode frei und wählst bei "Zählerstart erfolgt" einfach "ja" aus.

Automatisierung dank Plugin

Arbeitest du mit Wordpress als CMS gibt es mehrere Plugins, die dir das Verwalten deiner Zählpixel und die Zuordnung zu deinen Texten vereinfachen. Auch die Meldung derjenigen Texte, die die Mindestaufrufe erreicht haben, wird dir mit einem Plugin erleichtert.

Das am weitesten verbreitete Plugin für deine Zählpixel ist Prosodia VGW OS für Zählmarken, daher werde ich in diesem Buch vor allem darauf eingehen.

Installation

Du findest das Plugin im Backend deines Blogs über die Suche nach Plugins und kannst es – wie jedes andere Plugin auch – per Mausklick installieren und danach aktivieren. Direkt nach der Aktivierung wird dir das Plugin erst einmal verschiedene Fehlermeldungen anzeigen. Es ist in der Meldung jeweils verlinkt, was genau du tun musst. Dabei geht es meist vor allem um Einstellungen und die Neuberechnung der Zeichenzahlen. Klick dich also der Reihe nach durch die Meldungen und mach das Plugin auf diese Weise erst einmal fehlerlos arbeitsfähig.

Das Plugin trägt sich mit einem neuen Menüpunkt und mehreren Unterpunkten links in dein Menü ein.

Zählmarken für PDFs und ePubs

Leider unterstützt das Plugin noch nicht die automatische Zuordnung von Zählmarken zu PDFs und ePubs. Um diesen Dateien Zählpixel zuordnen zu können, musst du also so vorgehen, wie unter "Zählmarken ohne Plugin nutzen und verwalten" beschrieben.

Die Menüpunkte des Plugins

Zählmarken: In diesem Bereich findest du eine tabellarische Übersicht darüber, welche Zählmarken welchen Artikeln zugeordnet sind. Du kannst die Übersicht sortieren lassen nach Beitragstitel, Beitragsdatum und Zeichenzahl. Außerdem kannst du im oberen Bereich auswählen, welche Zählmarken angezeigt werden sollen. Auf diese Weise kannst du dir beispielsweise nur die noch nicht zugeordneten Zählmarken anzeigen lassen oder auch nur diejenigen Beiträge, die ausreichend Zeichen für die Zuordnung einer Zählmarke haben.

Import: Ehe du mit dem Plugin arbeiten kannst, musst du erst einmal deine bei der VG WORT bestellten Zählmarken importieren. Dies kannst du unter dem Punkt "Import" erledigen. Du wählst dort die von der VG WORT heruntergeladene CSV-Datei aus und klickst am Seitenende auf importieren. Je nach Menge der zu importierenden Zählmarken dauert es einen Moment, ehe die Erfolgsmeldung kommt.

Du kannst die Zählmarken auf dieser Seite auch manuell eintragen. Dazu kopierst du für jede einzelne Zählmarke sowohl den öffentlichen als auch den privaten Code in die entsprechenden Felder und fügst noch den zugeordneten Server hinzu. Nach einem Klick auf "Importieren" kannst du die nächste Zählmarke eintragen. Dieses Vorgehen ist nur dann sinnvoll, wenn dir die Zählmarken nicht als CSV-Datei vorliegen, sondern du sie als PDF heruntergeladen hast oder direkt aus der Bestellübersicht auf der Webseite der VG WORT kopierst.

Einstellungen: Du kannst bzw. musst für das Plugin nur wenige Parameter einstellen. Klicke dazu auf den Menüpunkt "Einstellungen". Die meisten der dort vorausgewählten Einstellungen solltest du nicht verändern. Dem Verschlüsselungsstatus deiner Seite entsprechend solltest du hier auswählen, ob die Zählmarken verschlüsselt (über https://...) oder unverschlüsselt (über http://...) verwendet werden, da ansonsten die Zählung teilweise nicht richtig funktioniert.

Außerdem solltest du hier eingeben, was die von der VG WORT festgelegte Mindestzeichenzahl ist. Die Voreinstellung ist hier auf 1.800 Zeichen festgelegt, da dieser Wert seit mehreren Jahren von der VG WORT unverändert blieb. Sollte sich hier einmal eine Änderung ergeben, so kannst du diese hier direkt einstellen.

Operationen: Unter diesem Menüpunkt verstecken sich mehrere wichtige Optionen für das Plugin. Du kannst hier einstellen, welchen Beitragstypen auf deinem Blog Zählmarken zugeordnet werden können. So kannst du beispielsweise nur für Blogbeiträge Zählmarken zulassen, nicht jedoch für Seiten. Oder umgekehrt. Oder für beides.

Direkt darunter kannst du, falls es mal zu Fehlberechnungen kommen sollte, die Zeichenzahl deiner Blogbeiträge manuell neu berechnen lassen. In der unteren Hälfte der Seite ist es dir möglich, Zählmarken aus früheren Versionen des Plugins zu importieren. Solltest du zuvor ein anderes Plugin zur Verwaltung deiner Zählmarken verwendet haben, kannst du auch aus diesem die verwendeten Zählmarken importieren lassen.

Datenschutz: Um deine Seite datenschutzkonform zu betreiben, musst du in deine Datenschutzerklärung aufnehmen, dass du über das Zählmarkenplugin

Daten deiner Leser*innen sammelst. Die Vorlage zu der notwendigen Ergänzung findest du unter diesem Menüpunkt. Hier kannst du dir außerdem die Datenschutzerklärung des Plugins anschauen.

Hilfe/Anleitungen: Der Name sagt es schon, denn hierüber findest du die bebilderte Anleitung zum Plugin direkt vom Anbieter sowie Kontaktmöglichkeiten zu den Entwicklern bzw. auch die Möglichkeit, Fehler im Plugin zu melden.

Impressum: Last but not least findest du unter diesem Punkt die notwendigen Impressumsangaben des Anbieters.

Bestehenden Beiträgen Zählmarken zuordnen

Deine importierten Zählmarken werden dir übersichtlich nach einem Klick auf "Zählmarken" im Menü des Plugins angezeigt. Hast du eben erst angefangen, sind bisher alle importierten Zählmarken noch nicht zugeordnet und werden als nicht zugeordnet angezeigt. Hast du bereits mit Zählmarken gearbeitet, werden dir hier auch zugeordnete Zählmarken angezeigt und welchen Beiträgen sie zugeordnet sind.

Um einem schon bestehenden Beitrag einer deiner Zählmarken zuzuordnen, gehst du am besten in die

Übersicht deiner Beiträge. Du findest nach Installation und Aktivierung des Plugins in dieser Übersicht ganz rechts eine neue Spalte, die dir anzeigt, wie viele Zeichen dein Artikel hat und ob die Zeichenzahl für eine Zählmarke ausreicht oder ob sogar schon eine Zählmarke zugeordnet ist.

Beiträge, die ausreichend Zeichen haben, denen aber noch keine Zählmarke zugeordnet ist, erkennst du in dieser ganz rechten Spalte unter dem roten Eintrag "Zählmarke möglich".

Bewegst du den Mauszeiger nun in den vorderen Bereich der Zeile des Beitrags direkt unter den Titel, erscheint dort eine Auswahl von möglichen Aktionen.

Nun musst du nur noch auf "Zählmarke zuordnen" klicken und deinem Beitrag wird eine Zählmarke zugeordnet. In der rechten Spalte mit der Zeichenzahl wird aus dem roten "Zählmarke möglich" ein grünes

"Zählmarke zugeordnet". Auf diese Weise ordnest du nun allen deinen bereits geschriebenen Beiträgen einfach per Mausklick jeweils eine Zählmarke zu.

Direkt im Anschluss denk dran, dir die spätere Meldung zu erleichtern, indem du zu allen Zählmarken bereits unter tom.vgwort.de einen Webbereich anlegst. Dazu klickst du im Menü des Plugins auf Zählmarken und lässt dir über das Dropdown-Menü „Zuordnung" im oberen Bereich alle zugeordneten Zählmarken anzeigen. Logg dich in dein Konto bei der VG WORT ein und gehe zum Anlegen des Webbereiches zu jeder Zählmarke so vor, wie unter „Webbereich anlegen" beschrieben.

Neuen Beiträgen Zählmarken zuordnen

Damit sich die Anzahl der Blogbeiträge, für die du Tantiemen bekommen kannst, erhöht, wirst du natürlich ab sofort jedem deiner neugeschriebenen Posts noch vor dessen Veröffentlichung eine Zählmarke zuordnen. Natürlich nur denjenigen Posts, die die Mindestzeichenzahl von derzeit 1.800 Zeichen erreichen. Mit Hilfe des Plugins kannst du diesen Schritt direkt nach dem Schreiben des Beitrages und noch vor dem Veröffentlichen ganz einfach erledigen.

In der Ansicht, in der du einen neuen Beitrag schreibst, findest du nach der Aktivierung des Plugins unter dem Beitrag die Möglichkeit, dem Beitrag direkt eine Zählmarke zuordnen zu können. Dort kannst du direkt sehen, ob dein Beitrag die Mindestzeichenzahl erfüllt und kannst ihm bereits vor der Veröffentlichung per Mausklick eine Zählmarke zuordnen lassen.

Zählmarken für VG WORT	▲

Diesem Beitrag ist keine Zählmarke zugeordnet.

Zeichenanzahl im Text	Genügend: **ja**, 0 fehlen
	Vorhanden: 1.941 von 1.800 nötigen
	jetzt aktualisieren (sonst alle paar Sekunden automatisch)
Aktion	☐ Diesem Beitrag eine Zählmarke zuordnen ⓘ

Nach dem Zuordnen der Zählmarke speichere deinen Beitrag am besten einmal ab. Im Bereich des Zählmarken-Plugins unter deinem Beitrag werden dir nun die Informationen zur zugeordneten Zählmarke angezeigt, unter anderem also auch ihr öffentlicher und ihr privater Identifikationscode. Du kannst hier nun auch deine Zählmarke auf inaktiv setzen, so dass sie bei der VG Wort nicht mehr gezählt wird, dem Beitrag aber zugeordnet bleibt.

Direkt im Anschluss an die Veröffentlichung deines Textes denk auch hier bitte dran, dir die spätere Meldung zu erleichtern, indem du zu allen Zählmarken unter tom.vgwort.de einen Webbereich anlegst.

Kapitel 6

Jetzt aber endlich her mit der Kohle

Irgendwann zur Jahresmitte, meist Anfang Juni, ist es soweit: Du bekommst eine Mail von der VG WORT, in der dir mitgeteilt wird, dass einer oder mehrere deiner Texte im vergangenen Jahr die erforderlichen Mindestaufrufe für eine Auszahlung erreicht haben. Bei der Meldung deiner Texte kommt es darauf an, ob der Text auf deiner eigenen Seite oder auf einer fremden Seite zu finden ist.

Texte auf eigenen Seiten kannst du nur dann melden, wenn du einen Zählpixel eingebaut hast und somit für die VG WORT nachvollziehbar ist, dass der Mindestaufruf erreicht wurde.

Bei Gastbeiträgen auf anderen Blogs solltest du ebenfalls versuchen, immer einen deiner eigenen Zählpixel in deinen Beitrag einbauen zu können. Für die meisten anderen Blogger*innen ist es in Ordnung, den Zählpixel mit einzutragen. Und für dich ist dies der Weg, auf dem du am meisten Kontrolle über die Meldung hast – und die volle Höhe der Tantiemen bekommst. Zum Einbau der Zählmarke ist es nicht notwendig, dass in dem fremden Blog zum Beispiel ein Plugin installiert wird. Du kannst den Code des Zählpixels manuell in den Code des Beitrages einfügen lassen.

Kannst du keine eigene Zählmarke in deinen Beitrag auf einem anderen Blog einbauen lassen, so besteht für dich dennoch die Möglichkeit, für diesen Text Tantiemen zu bekommen. Beispielsweise kann es sein, dass der Seitenbetreiber einen eigenen Zählpixel einbaut und diesen Text dann für dich zur regulären Ausschüttung meldet. Texte, die weder eine deiner eigenen Zählmarken noch eine Zählmarke des Seitenbetreibers enthalten, meldest du dann statt für die reguläre Ausschüttung für die sogenannte Sonderausschüttung an. Bei dieser bekommst du zwar einen deutlich geringeren Betrag, aber immerhin dennoch eine Tantieme für deinen Text.

Artikel auf eigenen Seiten

Um herauszufinden, welche deiner Texte die Mindestzugriffszahl erreicht haben, loggst du dich unter <u>tom.vgwort.de</u> ein und klickst unter dem Menüpunkt "METIS (reguläre Ausschüttung)" auf "Suche in eigenen Zählmarken". Die Suche kennst du bereits von deinen Vorbereitungen für die Meldung, als du die Webbereiche zu deinen Zählmarken angelegt hast.

Um alle Zählmarken anzeigen zu lassen, die die Mindestzugriffszahl erreicht haben, suchst du jetzt jedoch nicht über die Eingabe eines Identifikationscodes, sondern wählst unter "Mindestzugriff" lediglich "erreicht" aus. Das Häkchen bei "nicht erreicht" kannst du entfernen, da du ja nur die Zählmarken anzeigen lassen möchtest, zu denen du eine Meldung abgeben kannst.

> ## TIPP
>
> *Beschränke die Suche in deinem ersten Schritt bitte wirklich auf diejenigen Texte, die den Mindestzugriff erreicht haben. Du kannst in einem zweiten Schritt in dieser Suchmaske auch nach Texten suchen, die die Mindestzugriffszahl „anteilig erreicht" haben. Wie du ja bereits weißt, kannst du diese ebenfalls für die Auszahlung von Tantiemen melden, wenn sie mehr als 10.000 Zeichen lang sind.*

Nach einem Klick auf "Zählmarken suchen" erhältst du eine Übersicht aller Zählmarken, die im vergangenen Jahr ausreichend Zugriffe für eine Meldung zur Ausschüttung hatten. Wie auch schon beim Eintragen der URL nach der Zuordnung der Zählmarke gelangst du auch hier über einen Klick auf den privaten Identifikationscode der Zählmarke zu deren Detailseite.

Dort klickst du auf "Meldung erstellen" und kommst zur Eingabemaske, in die du genaue Infos zu deinem Artikel eintragen kannst. Hast du meinen Tipp beherzigt und bereits die URL des Textes eingetragen, ist dieses Feld bereits ausgefüllt. Ist das nicht der Fall, so

musst du hier die URL des Textes eingeben, dem die
jeweilige Zählmarke zugeordnet ist.

In der Meldemaske füllst du außerdem aus, ob du Allein-Autor*in, Mit-Autor*in oder Übersetzer*in des
Textes bist, um den es in dieser Meldung geht. Die Voreinstellung Allein-Autor*in stimmt hier in den meisten
Fällen bereits.

Eintragungen mit Plugin

Kopiere dir den auf der Seite mit der Meldemaske oben
angezeigten privaten Identifikationscode deiner Zählmarke und gib ihn in der Übersicht der "Zählmarken"
im Menü des Prosodia Plugins in die Suche ein. In der
Ansicht wird dir dann der dazugehörige Artikel angezeigt. Unterhalb des Beitragstitels kannst du dann aus
verschiedenen Möglichkeiten auswählen:

Wichtig für die Meldung deines Beitrages sind die
Punkte Titel, Text und eventuell Link, wenn du diesen

nicht bereits direkt nach dem Schreiben des Beitrages eingetragen hast. Mit einem Klick auf den jeweiligen Punkt öffnet sich ein Fenster, in dem du per STRG+C bzw. CMD+C die Überschrift, den Text bzw. den Link in die Zwischenablage kopieren und dann in die entsprechenden Felder der Meldemaske übertragen.

Nach dem Klick auf "Titel" kopierst du dir die Überschrift deines Beitrages in die Zwischenablage und trägst diese dann in der Meldemaske unter "Kurzbeschreibung/Überschrift" ein. Direkt unter diesem Feld ist bereits ausgewählt, dass dein Text kein Gedicht ist. Solltest du einen Text im Bereich Lyrik melden wollen, müsstest du dies hier einstellen.

Mit einem Klick auf "Text" kannst du dir den gesamten Text des Beitrages in die Zwischenablage kopieren. Diesen trägst du dann im Textfeld der Meldemaske ein. Solltest du eine PDF- oder ePub-Datei melden wollen, hast du hier die Möglichkeit, diese hochzuladen.

Mit einem Klick auf "Link" kannst du dir den Link zum Beitrag in die Zwischenablage kopieren und unter Webbereich in die Meldemaske eintragen, falls du ihn nicht bereits dort hinterlegt hast. Als Vorauswahl ist hier bereits "Eigene Seite" ausgewählt.

Eintragungen ohne Plugin

Arbeitest du nicht mit dem Plugin, musst du dir Überschrift, Text und Link aus dem Backend deines Blogs kopieren und in die Felder der Meldemaske eintragen. Unter "Kurzbeschreibung/Überschrift" trägst du die Überschrift deines Beitrags ein. In das Textfeld der Meldemaske kopierst du den gesamten Beitragstext hinein oder lädst deine PDF- oder ePub-Datei hoch.

Unter Webbereich trägst du den Link zu deinem Beitrag ein. Hast du den Link nicht bereits als Webbereich angelegt, hilft es dir an dieser Stelle sehr, wenn du dir den zur entsprechenden Zählmarke gehörenden Link bereits in deiner CSV- oder PDF-Datei hinterlegt hast. Ansonsten wird die Suche an dieser Stelle aufwendig, denn du musst dann zuerst herausfinden, welchem deiner Texte die Zählmarke zugeordnet ist, die du gerade zur Ausschüttung melden möchtest.

Mit dem Eintrag dieser Angaben hast du für eigene Texte auf deiner eigenen Seite die Meldung bereits komplett ausgefüllt und kannst sie absenden.

Artikel auf fremden Seiten – mit eigenem Zählpixel

Hast du einen Gastartikel für eine Seite geschrieben, die du nicht selbst betreibst, konntest aber eine deiner eigenen Zählmarken einbauen lassen, so ist der Ablauf für die Meldung fast genau so, als stünde der Text auf deiner eigenen Seite. Die notwendigen Angaben zur Art der Beteiligung am Text (Allein-Autor*in, Mit-Autor*in, Übersetzer*in) sowie zu Überschrift und Text hinterlegst du wie im vorigen Abschnitt beschrieben in der Meldemaske.

> **TIPP**
>
> *Da du auf fremden Seiten vermutlich eher nicht im Backend auf die Daten des Plugins zugreifen kannst, musst du hierzu die Überschrift und den Text einfach von der Webseite kopieren.*

In dem Teil der Meldemaske, in dem du den Link zu deinem Beitrag hinterlegst, wählst du nun jedoch statt "Eigene Seite" natürlich "Verlagsseite" aus – auch wenn dein Text nicht wirklich auf der Seite eines Verlages steht. Dann kannst du den Link zu deinem Text ganz normal eingeben. Den Link hast du hoffentlich in deiner Übersicht der Zählpixel hinterlegt.

Ganz am unteren Ende der Meldemaske musst du in diesem Fall noch auswählen, dass du einer Verlagsbeteiligung nicht zustimmst. Nur so erhältst du 100 Prozent deiner Tantiemen und musst sie nicht mit der/dem Seitenbetreiber*in teilen.

Artikel auf fremden Seiten – mit fremdem Zählpixel

Es kann auch vorkommen, dass die/der Seitenbetreiber*in einen seiner eigenen Zählpixel in deinen Gastbeitrag einbaut oder diese automatisch zuweist. In diesem Fall muss die/der Seitenbetreiber*in die Meldung vornehmen, da nur die/der Besteller*in der Zählmarken die Meldung dazu abgeben darf. Um zu überprüfen, ob die fremde Seite Zählpixel verwendet, kannst du dich unter tom.vgwort.de einloggen und im Bereich "METIS (Sonderausschüttung)" unter dem Punkt

"Reguläre oder Sonderausschüttung" die entsprechende Domain zur Prüfung eintragen.

Kommt bei der Überprüfung heraus, dass keine Zählpixel verwendet werden, so kannst du deinen Artikel lediglich zur Sonderausschüttung anmelden. Das Vorgehen dazu findest du im folgenden Kapitel.

Werden auf der fremden Webseite Zählpixel verwendet und wurde ein Pixel der/des Seitenbetreiber*ins in deinen Beitrag eingebaut, hast du mehrere Möglichkeiten, deine Tantiemen zu erhalten.

Bei einem Blog eher unwahrscheinlich, bei einer tatsächlichen Verlagsseite ein wenig wahrscheinlicher ist, dass die/der Seitenbetreiber*in den Beitrag meldet und deine VG WORT-Karteinummer bei der Meldung angibt.

Solltest du ihm diese Karteinummer also weitergegeben haben, findest du die Meldung automatisch unter tom.vgwort.de als zu bestätigende Verlagsmeldung. Diese musst du dann nur noch bestätigen und festlegen, ob der Verlag an der Ausschüttung beteiligt wird oder nicht.

Wahrscheinlicher ist, dass die/der Seitenbetreiber*in deinen Beitrag gemeldet hat und dich als Autor*in eingetragen hat, denn der Autor oder die Autorin des Beitrages muss auf jeden Fall in der Meldung angegeben werden. Wurdest du bei einer solchen Meldung als Autor*in angegeben, so kannst du unter "METIS (reguläre Ausschüttung)" unter dem Punkt "Hinzufügen zu einer Verlagsmeldung" nach deinem Namen, der URL deines Beitrages oder nach dem privaten Identifikationscode der eingebauten Zählmarke suchen. Den Identifikationscode erfährst du natürlich nur vom Seitenbetreiber. Meldungen zu Texten, die du über diese Suchmöglichkeit findest, kannst du ebenfalls überprüfen und bestätigen.

Artikel auf fremden Seiten – ohne Zählpixel

Wie bereits gesagt, kannst du Artikel auf fremden Seiten, bei denen du keine (eigene oder fremde) Zählmarke einbauen konntest oder durftest, dennoch zumindest für die Sonderausschüttung der VG WORT anmelden. Bei dieser bekommst du eine deutlich geringere Tantieme ausgezahlt als bei der regulären Ausschüttung. Für das Jahr 2018 gab es im Bereich der Sonderausschüttung lediglich 13 Euro je Text im Vergleich zu 29,40 Euro je Text in der regulären Ausschüttung. Aber immerhin, du bekommst auf diesem Weg dennoch Geld für deine Texte.

Die Sonderausschüttung ist ein wenig anders geregelt als die reguläre Ausschüttung. Hierbei erstellst du je Internetseite und je Kalenderjahr genau eine Meldung.

So lange deine Texte auf dieser Seite online sind, kannst du die Meldung jedes Jahr erneut erstellen, weshalb du in diesem Fall auch keine rückwirkende Meldung abgeben kannst, sondern du die Ausschüttung nur für das jeweils gemeldete Jahr erhältst.

Die Meldung für die Sonderausschüttung findest du, nachdem du dich unter tom.vgwort.de eingeloggt hast über den Menüpunkt "METIS (Sonderausschüttung)". Unter dem Punkt "Meldung erstellen" gelangst du zur Meldemaske. Dort trägst du die URL der Seite ein, auf der deine Texte veröffentlicht wurden. Achtung: Trage hier nicht die URL eines einzelnen Textes ein, sondern die URL des betreffenden Blogs, also bitte immer http://www.dieserblog.de statt http://www.dieserblog.de/meinbeitrag.

TIPP

Wird dein Eintrag abgelehnt, weil die Domainendung nicht anerkannt wird, du bist dir aber sicher, dass die Domain einer deutschen Seite gehört, kannst du dich per Mail unter metis.support@vgwort.de melden. Sende den Link zum Impressum der Seite am besten gleich mit und bitte darum, die Domain freischalten zu lassen.

Aktuell kannst du hier lediglich Texte melden, die auf einer Domain mit der Endung .de veröffentlicht wurden oder auf einer Domain mit einer allgemeinen nicht-länderspezifischen Endung wie .com oder .org oder ähnliches. Domains mit der Endung eines anderen Landes sind derzeit nicht meldefähig.

Direkt unter dem Eintrag der URL kannst du angeben, ob die Seite frei zugänglich ist oder (teilweise) mit einem Kennwortschutz versehen bzw. kostenpflichtig. Sind manche deiner Texte nicht frei zugänglich, musst du dies hier angeben. Hier siehst du auch, auf welches Jahr sich die Meldung bezieht, die du gerade abgibst.

Im nächsten Schritt wählst du aus, wie viele Texte du auf der entsprechenden Seite im Meldejahr online hast oder hattest. Dabei gibst du nicht die genaue Anzahl ein, sondern kannst auswählen aus bis zu 20, bis zu 60, bis zu 120 Texten und so weiter. Bei dieser Angabe darfst du nur diejenigen Texte berücksichtigen, die den allgemeinen Vorgaben der VG WORT entsprechen: Sie müssen eine Mindestlänge von derzeit 1.800 Zeichen erreichen, dürfen keinen Kopierschutz aufweisen und müssen im Meldejahr online gewesen sein.

Im letzten Schritt bestätigst du noch, dass die Mindestlänge eingehalten wurde, kein Kopierschutz vorliegt und du mit den Teilnahmebedingungen einverstanden bist und kannst die Meldung abschicken.

Es kann passieren, dass du nach dem Absenden eine Fehlermeldung erhältst, die aussagt, dass die Domäne bereits gemeldet wurde. In diesem Fall hast du die

Möglichkeit, die alte Meldung durch die neue Meldung zu ersetzen.

Artikel in Folgejahren melden

Bereits gemeldete Artikel werden in den Folgejahren automatisch ebenfalls vergütet, sobald sie die erforderliche Anzahl an Mindestzugriffen erreicht haben. Das bedeutet, dass du in jedem Jahr nur die Texte melden musst, die zum ersten Mal den Mindestzugriff erreicht haben, für alle bereits in Vorjahren gemeldeten Texte erhältst du die Tantieme automatisch.

Kapitel 7

Für den Dagobert in dir: Mehr Geld!

An den Vorgaben der VG WORT kannst du nichts ändern. Deine Artikel müssen die Mindestzugriffszahl erreichen, um vergütet zu werden und sie müssen eine bestimmte Länge haben, damit du dafür Tantiemen erhalten kannst. Auch die Höhe der Vergütung je Artikel legt die VG WORT fest, ohne dass du Einfluss darauf nehmen könntest.

Dennoch gibt es verschiedene Möglichkeiten, mit denen du erreichen kannst, mehr Geld von der VG WORT zu bekommen, als du im ersten Moment denkst. Die folgenden Tipps und Tricks dafür sind unsortiert und in keiner bestimmten Reihenfolge aufgeführt. Keiner der Tipps ist wichtiger als die anderen, keiner der Tricks bringt dir mehr als einer der anderen.

Orientiere dich immer an deinen Leser*innen, an deiner Zielgruppe und schreibe nie nur für die Tantieme der VG WORT!

Evergreen-Content

Vielleicht ist dir der Begriff Evergreen-Content schon einmal begegnet? Als Blogger*in schreibst du vielleicht häufig aktuelle Texte zu aktuellen Themen. Solche Artikel werden kurz nach ihrem Erscheinen recht häufig aufgerufen. Ist das Thema jedoch "durch", werden die Zugriffe weniger und schließlich interessiert sich niemand mehr für deinen Text.

Diese Artikel sind wichtig für dein Blog und bringen dir oft hohe Zugriffszahlen. Ebenso wichtig und das vor allem auf Dauer ist aber ein guter Mix aus aktuellen Artikeln und sogenanntem Evergreen-Content, also Inhalten, die zeitlich unabhängig interessant sind. Nutze diese zeitlosen Inhalte, um jedes Jahr wieder für den entsprechenden Artikel Tantiemen von der VG WORT gezahlt zu bekommen.

Richtig guter Evergreen-Content bringt dir viele Jahre in Folge sowohl Leser*innen auf dein Blog als auch Tantiemen von der VG WORT.

Artikel pushen, die nahe an Zugriffen sind

Sicher beobachtest du, auf die eine oder andere Weise, die Zugriffszahlen auf deinem Blog. Wenn du das nicht tust, rate ich dir, sofort ein Statistik-Tool einzubauen. Auf diese Weise erkennst du auch, welcher Artikel wie viele Zugriffe durchschnittlich pro Monat oder pro Woche erreicht und kannst ungefähr ab der Jahresmitte gezielt diejenigen Artikel pushen, bei denen absehbar ist, dass sie ohne ein wenig Anschubhilfe die Mindestzugriffe nicht erreichen.

Dazu kannst du die Artikel noch einmal auf deinen Social Media Accounts teilen oder in deinem Newsletter oder du richtest beispielsweise eine Rubrik "Aus dem Archiv" auf deinem Blog ein, die du nutzt, um genau diese Artikel zu promoten und noch einmal Leser*innen auf sie aufmerksam zu machen.

Tausche die Artikel regelmäßig aus, dann hast du die Möglichkeit, mehrere Artikel bis zum Jahresende vielleicht doch noch über die für die Auszahlung notwendigen Zugriffe zu bringen.

Lange Artikel

Nicht nur für die Suchmaschinenoptimierung deines Blogs sind längere Artikel gut, du hast damit auch Vorteile bei der VG WORT. In einem der vorhergehenden Kapitel hast du bereits gelesen, dass Artikel mit mehr als 10.000 Zeichen nur die Hälfte der festgelegten Mindestzugriffe erreichen müssen, um ebenfalls bei der Ausschüttung berücksichtigt zu werden.

Bei Texten, bei denen du also nicht damit rechnest, dass sie den vollen Mindestzugriff erreichen, vielleicht weil das Thema nur eine kleine Leser*innenzahl interessiert oder weil dein Blog eine enge Nische bedient, solltest du also darauf achten, die 10.000 Zeichen zu überschreiten. Wie schon gesagt, solltest du dennoch nicht nur Füllwörter zwischenschieben, sondern deinen Leser*innen definitiv einen Mehrwert bieten, sonst erreichst du im Zweifelsfall nicht einmal die Hälfte der Mindestaufrufe, weil die Leser*innen deinen Text uninteressant finden.

Du könntest aber zum Beispiel eine Zusammenfassung am Ende integrieren, was sicher auch noch einmal ein paar Zeichen bringt. Oder du suchst andere Blogartikel im Netz zusammen, die thematisch zu deinem passen und verweist deine Leser*innen mit einer kurzen Anmerkung dazu auf diese Leseempfehlungen. Sicher fallen dir noch andere wertvolle Inhalte ein, die deinen Artikel ergänzen können.

Jahresrückblicke

Auch Jahresrückblicke bringen oft noch einmal neue Leser*innen und damit Zugriffe für bestimmte Artikel deines Blogs. Um hier noch einmal Artikel in den Fokus deiner Leser*innen zu bringen, solltest du ebenfalls die Zugriffszahlen kennen. Du kannst auf diesem Weg natürlich neben den meistgelesenen Artikeln des Jahres – die die Mindestaufrufe bereits erreicht haben – auch noch diejenigen Artikel promoten, bei denen nur noch wenige Aufrufe fehlen.

Versuche am besten, deinen Jahresrückblick nicht erst Ende Dezember zu machen, sonst wird es zeitlich knapp, noch mögliche Aufrufe zu generieren. Vielleicht machst du ja zur Jahresmitte einmal eine Zusammenfassung der beliebtesten Artikel? Oder du füllst das Sommerloch oder die Zeit, in der du Urlaub machst und nichts Neues veröffentlichst, mit einem "Best of..." oder "Most favourite..." an Artikeln? So schlägst du mehrere Fliegen mit einer Klappe und hast die Möglichkeit, dass weitere Artikel meldefähig werden.

Gastartikel auf fremden Seiten

Auch Gastartikel sind eine gute Gelegenheit, einen weiteren Artikel mit ausreichend Aufrufen zu veröffentlichen. Vor allem, wenn das Blog, für das du schreibst, grundsätzlich höhere Zugriffe hat als dein eigenes Blog. Verlinkst du in deinem Gastbeitrag auf dein eigenes Blog, hast du außerdem die Möglichkeit, auf diese Weise neue Leser*innen auf dein Blog zu locken.

Bei Gastbeiträgen ist es wichtig, den Besitzer oder die Besitzerin des Gastblogs zu bitten, deinen Zählpixel mit einzubauen. Außerdem solltest du ihn oder sie bitten, auf dein eigenes Blog zu verlinken. Um einen Gastbeitrag auf einem anderen Blog platzieren zu können, sollte das Thema deines Blogs und das Thema des fremden Blogs ähnlich sein, am besten aber nicht genau gleich – falls das überhaupt geht.

Selbst wenn die/der andere Blogbetreiber*in nirgends eine Möglichkeit anbietet, Gastbeiträge zu veröffentlichen, frag doch einfach mal nach und schicke am besten schon einen Themenvorschlag. Manchmal ist man als Blogbetreiber*in froh, wenn einem jemand einen Artikel anbietet, den man während des eigenen Urlaubs veröffentlichen kann oder wenn man gerade selbst verhindert ist.

Gastartikel auf deiner Seite

Natürlich kannst du auch die Möglichkeit anbieten, dass andere Blogger*innen auf deiner Seite einen Gastbeitrag veröffentlichen können. Teilen diese dann ihren Gastbeitrag, den sie für dich geschrieben haben, in ihren Netzwerken und Social Media Kanälen, bekommst du sicher auch nochmal neue Leser auf deinen Blog. In diesem Fall ist es meiner Meinung besonders wichtig, per Hand oder mit Hilfe eines Plugins auf ähnliche Artikel in deinem Blog zu verweisen.

Teilen in Social Media, gerne auch mehrfach

Sicher teilst du deine eigenen Artikel bereits auf deinen Social Media Kanälen und Profilen. Aber so wie du vermutlich nicht 100 Prozent von dem mitbekommst, was in deinen Timelines hier und da geteilt wird, werden auch deine Freunde und Follower nicht alle deine Beiträge sehen und wahrnehmen.

Daher kannst du deine Artikel definitiv mehrfach auf den gleichen Plattformen teilen. Vor allem auf Facebook und Twitter rast die Timeline oft nur so durch, da lohnt sich ein weiterer Hinweis auf deinen Artikel zu anderer Zeit.

Oder du versuchst, dir weitere Social Media Kanäle zu erschließen und dort Freunde und Follower zu gewinnen. Teilst du deine Blogbeiträge beispielsweise schon auf Instagram oder Pinterest? Gerade Pinterest gilt derzeit als eine der größten Suchmaschinen überhaupt, also lohnt es sich, dort mal einen Blick zu riskieren und auf diesem Weg neue Leser*innen für deinen Artikel zu finden und mehr Aufrufe zu generieren.

Interne Verlinkungen nutzen

Empfehlungen sind das Herzstück des Social Web. Naja, das ist vielleicht ein wenig übertrieben, aber Empfehlungen sind schon extrem wichtig. Daher solltest du auf jeden Fall in jeden deiner Artikel Links zu passenden ähnlichen Artikeln in deinem eigenen Blog einbauen. Oder du verlinkst auf Übersichtsseiten und Kategorien, auf denen deine Leser*innen weitere interessante Artikel entdecken können.

Du kannst für diese internen Verlinkungen einfach Links in deinem Text unterbringen. Wordpress macht dir interne Verlinkungen sehr leicht. Stattdessen oder auch zusätzlich gibt es Plugins, mit denen du am Ende deines Artikels drei oder mehr thematisch dazu passende Artikel automatisch verlinken lassen kannst.

Nutze in deinem Blog auf jeden Fall die Möglichkeit, deinen Beiträgen Schlagworte und Kategorien zuzuordnen. Schlagworte funktionieren als Suchbegriffe und helfen deinen Leser*innen, andere Artikel zum gleichen Schlagwort wie der aktuell gelesene Artikel zu finden. Auch Kategorien helfen deinen Leser*innen, ähnliche Beiträge leicht aufzufinden, denn auch die Kategoriebegriffe sind zumeist anklick- und durchsuchbar.

Externe Links zu anderen Blogs

Nicht nur interne Verlinkungen auf andere Beiträge in deinem eigenen Blog bringen dir mehr Leser*innen und damit eventuell mehr Geld von der VG WORT, sondern auch externe Verlinkungen auf andere Blogs können dazu führen, dass neue Leser*innen deinen Artikel entdecken – oder sogar noch weitere Artikel auf deinem Blog lesen.

Verlinkst du in einem deiner Artikel auf einen Blogbeitrag in einem anderen Blog, wird bei dem Beitrag des anderen Blogs in den Kommentaren im Normalfall ein sogenannter Trackback gesetzt. Nimmst du also in deinem Artikel Bezug auf den Artikel eines anderen Blogs, so landet der Link zu deinem Artikel meistens im Kommentarbereich unter dem von dir verlinkten Artikel.

Dies sehen zumeist sowohl die/der Blogger*in in seinem Backend als auch seine Leser*innen in den Kommentaren zu dem Beitrag. So werden die Verbindungen innerhalb der Blogosphäre gestärkt und du hast die Möglichkeit, dass die Leser*innen des anderen

Blogs aufgrund des Artikels auf dein Blog finden und deinen Artikel lesen.

Die Möglichkeit eines Trackbacks solltest du allerdings nur dann anwenden, wenn dein Artikel tatsächlich in irgendeiner Art und Weise mit dem von dir verlinkten Artikel in Bezug steht. Ansonsten drohen dir schlechtes Karma und der Ausschluss aus der Blogosphäre!

Nein, Quatsch, aber diejenigen Leser*innen, die aufgrund des Trackbacks deinen Artikel lesen, erwarten einen direkten Zusammenhang und du willst die Erwartungen deiner potentiellen neuen Leser*innen ja nicht gleich enttäuschen, oder?

Sneeze Pages – oder auch: Themenseiten

Peer Wandiger von selbstständig-im-netz.de erklärt Sneeze Pages so: "Sneeze Pages sind also Seiten [...], die man [...] anlegt und in denen man die besten Artikel zu einem Thema gesammelt auflistet." Sneeze Pages sind eine gute Möglichkeit, auch ältere Artikel auf deinem Blog wieder mehr in den Mittelpunkt zu rücken.

Du legst in deinem Content Management System zu jedem wichtigen Thema deines Blogs eine Seite an, auf der du deinen wichtigsten Content zu diesem Thema verlinkst. Das ist ein wenig ähnlich, als würde dein/e Leser*in auf ein Stichwort in einem deiner Beiträge klicken oder eine Kategorie auswählen und sich alle Artikel dazu anzeigen lassen. Oft bleiben dann aber dennoch die älteren Artikel versteckt, da diese Auflistung die neuesten Artikel ganz oben aufführt.

Abhilfe schaffen die von dir angelegten Seiten, auf denen du selbst bestimmst, welche Artikel zu deinen Themen verlinkt werden. Du kannst die Reihenfolge der Artikel selbst festlegen und so auch ältere Artikel, die sonst in deinem Archiv unentdeckt bleiben würden, auch ohne Suche an neue Leser*innen bringen.

Deine neuen Themenseiten verlinkst du z.B. in einem eigenen Menü innerhalb deines Blogs. Dazu brauchst du vielleicht Hilfe, wenn du selbst in Wordpress nicht so fit bist, aber diese Ausgabe kann sich lohnen. Sowohl die angelegte Sneeze Page dürfte gute Zugriffszahlen aufweisen als auch die dort verlinkten Artikel. Außerdem steigern Themenseiten die internen Verlinkungen, was auch aus Sicht der Suchmaschinenoptimierung sehr gut ist. Und auf deine Sneeze Pages kannst du natürlich auch in weiteren thematisch passenden neuen Artikeln verlinken.

Du weißt immer noch nicht so genau, wie du das mit den Sneeze Pages machen sollst? Vielleicht hast du auf deinem Blog ganz viele Anleitungen für irgendetwas versteckt. Klar, deine Leser*innen können auf das Schlagwort "Anleitungen" klicken, wenn du dieses jeder Anleitung zugeordnet hast. Du kannst aber auch mit Hilfe einer Sneeze Page, die du unter "Anleitungen" verlinkst, den Leser*innen eine von dir definierte Auswahl an Anleitungsartikeln in deinem Blog präsentieren. Oder du legst eine Sneeze Page an mit dem Namen "Neu hier?" und verlinkst deinen Leser*innen dort einführende Artikel zum Thema deines Blogs.

Artikelserien schreiben

In einem früheren Kapitel habe ich dir schon erzählt, dass es nicht erlaubt ist, mehrere Zählmarken einzusetzen, wenn du einen Artikel auf mehrere Seiten aufteilst, zum Beispiel, weil er sehr lang ist. Jede Seite dieses fortlaufenden Artikels muss dann mit der gleichen Zählmarke der VG WORT versehen werden.

Anders schaut es jedoch aus, wenn du deinen Artikel in mehrere Teile aufteilst. Du kannst das Thema aus verschiedenen Blickwinkeln darstellen und jeweils einen neuen Artikel aus einem neuen Teil machen. Oder du teilst einen sehr langen Artikel in mehrere einzelne Artikel auf. Jeder dieser Artikel darf dann eine eigene Zählmarke bekommen.

Vergiss in diesem Fall die interne Verlinkung auf die anderen Artikel deiner Serie nicht. Du solltest auch dann, wenn ein*e Leser*in beispielsweise bei Teil 3 einsteigt, auf jeden Fall alle anderen Teile der Serie verlinken, damit die/der Leser*in nicht lange suchen muss.

PDFs und ePubs

Im Kapitel über die Zählpixel hast du bereits erfahren, dass auch für PDF-Dateien, die du auf deinem Blog zum Herunterladen anbietest sowie für ePub-Dokumente ohne DRM von der VG WORT Tantiemen ausgeschüttet werden, wenn diese den Mindestaufruf erreichen. Wird das PDF oder ePub aufgerufen, zählt die eingebaute Zählmarke den Aufruf.

Du kannst so beispielsweise eigene Whitepaper, E-Books mit Zusammenstellungen der besten Texte deines Blogs, Sammlungen mit Anleitungen und noch vieles anderes auf deinem Blog hinterlegen. Auf diese Weise bietest du deinen Leser*innen einen deutlichen Mehrwert und schaffst eine weitere Möglichkeit für dich, Tantiemen zu erhalten.

Quellen

https://de.wikipedia.org/wiki/Verwertungsgesellschaft_Wort

https://www.vgwort.de/die-vg-wort.html

https://www.vgwort.de/teilnahmemoeglichkeiten.html

https://www.mediummagazin.de/archiv/2012-2/ausgabe-01022012/geschenktes-geld-3/

https://de.wikipedia.org/wiki/Trackback

http://www.selfpublisherbibel.de/autoren-tipp-die-vg-wort-als-einnahmequelle-fuer-self-publisher/

http://www.e-book-news.de/vg-wort-tantieme-nur-fuer-ebooks-im-pdf-format/

https://www.vgwort.de/fileadmin/pdf/geschaeftsberichte/2017_Geschäftsbericht.pdf

https://irights.info/artikel/weiter-auf-abwegen-die-vg-wort-und-ihre-ausschuettungen/29128

https://literaturkritik.de/goetzvon-olenhu

https://officeflucht.de/vg-wort/

https://tom.vgwort.de/Documents/pdfs/dokumen-tation/metis/DOC_Urhebermeldung.pdf

https://www.fitfuerjournalismus.de/vg-wort-lie-ber-mit-zaehlmarke-oder-mit-sonderausschuettung/

http://mediapreneure.de/vg-wort/

sen-vg-wort-kein-ende-komplexe-rechtsverhaeltnis-sen-zwischen-autoren-verlegern-verwertungsgesell-schaft,23654.html

https://www.vgwort.de/termine.html

https://www.vgwort.de/auszahlungen.html

https://de.wikipedia.org/wiki/Meldesystem_für_Texte_auf_Internetseiten#Reguläre_METIS-Ausschüt-tung

https://www.vgwort.de/publikationen-dokumente/wahrnehmungsvertrag.html

https://www.vgwort.de/publikationen-dokumente/quoten-uebersicht.html

https://de.slideshare.net/BlogfamiliaKonferenz/vg-wort-und-blogger

https://www.vgwort.de/fileadmin/pdf/merkblaetter/Merkblatt_Umsatzsteuer.pdf

https://www.leitmedium.de/2015/06/17/vg-wort-und-wordpress-so-gehts-halb-automatisch/

http://www.erfolgsrezepte-online.de/zaehlpixel/

https://wordpress.org/plugins/wp-vgwort/

https://prosodia.de/prosodia-vgw-os/

https://www.selbstaendig-im-netz.de/geld-verdienen/5-tipps-wie-du-mehr-geld-von-der-vg-wort-bekommst-und-die-aktuelle-verguetung-pro-artikel/

https://www.selbstaendig-im-netz.de/marketing/sneeze-pages-neue-leser-an-den-blog-binden/

https://www.blogprojekt.de/sneeze-pages-das-blogartikel-archiv-optimal-nutzen/

http://www.werben-informieren-praesentieren.de/informationstechnik/interessantes/vg-wort-und-das-publizieren-von-e-books-format-entscheidet-ueber-tantieme